Charles Quint, l'empereur de tous les combats

Damien Dos Santos Davim

Charles Quint, l'empereur de tous les combats

LE LYS BLEU
ÉDITIONS

ISBN : 979-10-422-2493-6

La victoire est la récompense de la guerre, mais si les opérations traînent en longueur, les troupes et les armes s'émoussent ; assiéger une cité use votre force ; une campagne prolongée épuise les ressources de l'État. Si vos soldats et vos armes ont perdu leur mordant, si votre force et vos ressources sont à bout, vos rivaux saisissent la chance et vous attaquent. Si avisé que vous soyez, vous ne pouvez alors rien faire pour vous préserver.

Sun Tzu,
l'Art de la guerre, page 13

Introduction

Charles Quint incarne à lui seul un changement d'époque, le passage du Moyen Âge à la Renaissance. La rivalité et les alliances qu'entretient l'Empereur auprès des différents souverains européens influencent le XVIe siècle. Le futur empereur Charles Quint, né le 24 février 1500, près de Gand, en Belgique actuelle, est le fils de l'archiduc d'Autriche Philippe le Beau, et de Jeanne la Folle, ainsi nommée parce qu'elle sera victime d'une dépression après la mort de son époux, en 1506. Charles Quint réunit entre ses mains l'héritage immense de son grand-père Maximilien Ier à savoir les États héréditaires de la famille des Habsbourg, essentiellement en Autriche et dans le bassin du Danube, ainsi que le Saint Empire romain germanique, couronne élective, mais demeure entre les mains des Habsbourg de 1438 à 1806. Charles Quint est célèbre pour avoir été l'un des souverains les plus puissants d'Europe, régnant sur les Pays-Bas, l'Espagne et sur le Saint Empire romain germanique. Maître d'un immense empire sur lequel « le soleil ne se couchait jamais ». Non seulement il fut le premier monarque à disposer d'un empire situé dans le Nouveau Monde, mais il fut également bénéficiaire d'héritages qui le placent à la tête d'un immense domaine en Europe. Durant tout son règne, Charles Quint a dû lutter à la fois contre la France lors des guerres d'Italie, contre l'Empire ottoman dont l'avancée en Europe de l'Est menace la chrétienté et contre le protestantisme qui émerge. L'Empereur peut compter sur l'alliance de plusieurs puissants souverains et princes à commencer par le Portugal de João III qui dispose d'une armada efficace et puissante et d'une richesse immense tirée de son empire maritime et du commerce avec l'Inde.

La puissance et l'immensité des territoires de l'Empereur deviennent rapidement un problème pour François Ier qui se retrouve pris en tenaille. Leur rivalité va durer trente ans, interrompue à intervalles plus ou moins longs par des périodes de paix ou de trêve. La défaite majeure du roi de France se situe lors de la bataille de Pavie, le 24 février 1525, où François Ier est fait prisonnier. Pour échapper à sa captivité, le roi de France signe le traité de Madrid, en 1526, mais il ne tient pas les promesses. François Ier relance la guerre en Italie marquée par la prise et le sac de Rome par le connétable de Bourbon, allié de l'Empereur. Sur un autre théâtre, Charles Quint fait la guerre contre l'Empire ottoman de Soliman le Magnifique stoppant l'inexorable avancée en Europe. Charles Quint fait aussi plusieurs expéditions en Afrique où il défit Barberousse, alliée de Soliman le Magnifique, en 1535, s'emparant de Tunis avec l'aide du Portugal, mais il échoua contre Alger, 1541. Dans le Saint Empire, Charles Quint éprouva de grandes difficultés à régler la question religieuse, sous son règne se produit la Réforme. Il multiplie également tous ses efforts contre les protestants confédérés. Charles Quint doit faire face à des défis militaires et politiques sans précédent. Il hérite du Premier Empire mondial, qui s'étend de la péninsule ibérique à l'Autriche, de la Sicile aux Pays-Bas, en passant par l'Afrique du Nord et les Amériques. Il lui faut donc combiner les traditions politiques et militaires disparates de tous ces États, dont les intérêts divergent souvent.

I
Une naissance illustre

Charles de Habsbourg vient au monde le 24 février 1500 à Gand, dans la Belgique actuelle[1]. L'archiduc d'Autriche, Philippe le Beau, son père est le fils de l'empereur Maximilien Ier et sa mère Jeanne de Castille est la fille des Rois Catholiques Isabel la Catholique et Ferdinand II d'Aragon. Le titre de Rois Catholiques est accordé par le pape Alexandre VI Borgia aux souverains de Castille et d'Aragon en récompense de leur prise de Grenade, en 1492, dernier bastion musulman en péninsule ibérique, mettant fin à la *Reconquista*[2]. Dès sa naissance, Charles de Habsbourg reçoit son premier titre de duc de Luxembourg. Le jeune prince est porté sur les fonts baptismaux par son arrière-grand-mère, la duchesse de Bourgogne Marguerite d'York, veuve de Charles le Téméraire, dont il reçoit le prénom, et par un aristocrate néerlandais, Guillaume de Croÿ, marquis d'Aerschot, qui sera son précepteur. Charles le Téméraire est le fils unique du duc de Bourgogne Philippe le Bon et d'Isabelle de Portugal, Charles le Téméraire vise comme son père à créer un nouvel État entre la France et le Saint Empire romain germanique. Mais le quatrième et dernier duc de Bourgogne perdra ses territoires et sa vie dans son ambition de créer un État territorial continu face à ses voisins suisses, lorrains et le roi de France Louis XI. Le futur Charles Quint est issu de plusieurs illustres lignées. Ses grands-parents maternels sont Isabelle la Catholique, reine de Castille, et Ferdinand II, roi d'Aragon et de Sicile. Si les couronnes s'unissent par le mariage, leurs territoires ne fusionnent jamais, restant chacun indépendant les uns des autres avec

[1] Pierre Chaunu et Michèle Escamilla, *Charles Quint*, Fayard, 2000. p. 23.
[2] Pérez, Joseph, *La España de los Reyes Católicos*, Madrid : Nerea, 2002.

leurs propres lois et juridictions. Pourtant ces deux personnages engagent le processus d'expansion et introduisent l'idée impériale qui prend forme avec leur petit-fils Charles Quint.

L'héritier de quatre dynasties

Fils de Jeanne de Castille et de Philippe le Beau, Charles de Habsbourg est destiné par sa naissance à un immense héritage territorial. Par sa naissance, Charles de Habsbourg est appelé à un grand avenir dont l'héritage va dépasser toutes les espérances. Pour entourer le nouveau-né, on retrouve plusieurs personnalités de très hauts rangs représentant les différents héritages et territoires dont le futur Charles Quint est destiné à régner. Durant le baptême, on retrouve Margaret d'York, veuve de Charles le Téméraire, Marguerite d'Autriche, fille de l'empereur Maximilien Ier, Charles de Croy, seigneur de Chimay, et Jean de Berghes, premier gentilhomme de l'archiduc et gouverneur de Namur. Toutes les grandes familles des Pays-Bas sont présentes pour présenter leur hommage au nouveau-né, tout comme celle du Saint Empire, proches de Maximilien Ier à savoir les Nassau, les Horn, les Bade et les Saxes. Cependant, la fête est endeuillée. Le petit Charles de Habsbourg, duc de Luxembourg, futur seigneur des Pays-Bas et archiduc d'Autriche, ignore que d'autres couronnes se rapprochent de sa tête. Après la disparition de leur fils unique, le prince Juan de Trastamare, en 1497, et l'année suivante celle de leur fille aînée Dona Isabelle d'Aragon, épouse de Manuel Ier le Fortuné, roi de Portugal. Les Rois Catholiques doivent également déplorer, en juillet 1500, la disparition, à deux ans, de l'infant Dom Miguel, seul enfant issu du mariage et sur lequel reposait leur rêve d'union des couronnes portugaise et espagnole.

Troisième fille des Rois Catholiques, Jeanne de Castille devient l'héritière des différents trônes de ses parents après la mort prématurée de ses aînées Don Juan de Trastamare[3] et de Dona Isabelle d'Aragon,

[3] Fernandez Alvarez Manuel, *Isabel la Católica*. Madrid : Espasa-Calpe, S. A, 2003. p. 191 et 598.

reine de Portugal et de son fils Dom Miguel. Mariée, en 1496, à Philippe le Beau, fils de Maximilien Ier, empereur du Saint Empire romain germanique. Le fils aîné de cette union reçoit par héritage de sa mère les couronnes de Castille, d'Aragon, de Sicile, ainsi que les places castillanes au nord de l'Afrique, tout comme les terres découvertes dans le Nouveau Monde depuis l'expédition de 1492 de Christophe Colomb. De son père Charles de Habsbourg reçoit les Pays-Bas, la Franche-Comté et les droits sur le duché de Bourgogne, tout comme sur les possessions héréditaires des Habsbourg. Les territoires des Habsbourg regroupent une multitude de territoires à savoir l'archiduché d'Autriche, le duché de Styrie, le duché de Carinthie, le duché de Carniole, le comté de Goritz, le comté de Tyrol. Ces possessions demeurent entre les mains des Habsbourg jusqu'à la Première Guerre mondiale, ajoutées de la Hongrie et de la Bohême.

Avant son premier anniversaire, Charles de Habsbourg, duc de Luxembourg, est fait chevalier de l'ordre de la Toison d'or[4]. Le 16 novembre 1501, Philippe le Beau et Jeanne de Castille quittent les Pays-Bas et leur fils pour rejoindre la péninsule ibérique afin de prêter serment devant les Cortès en tant que successeurs des Rois Catholiques[5]. Pendant son séjour en France, Philippe le Beau rencontre Louis XII pour arranger un mariage entre Charles de Habsbourg et la princesse française Claude de France. Ce mariage ne verra jamais le jour, l'alliance portugaise sera privilégiée et la princesse de France sera mariée avec le futur François Ier. La mort de Marguerite d'York, en 1503, force Philippe le Beau et Jeanne de Castille à revenir aux Pays-Bas pour régler les affaires politiques et changer les précepteurs et éducateurs de leur fils. Au début de 1506, Philippe le Beau et Jeanne de Castille repartent pour la péninsule

[4] Anonyme, *La Toison d'Or ou Recueil des statuts et ordonnances du noble ordre de la Toison d'Or*, Cologne, 1689.

[5] La relation de ce voyage fourmille de descriptions et de détails sur les villes et villages traversés, l'accueil par la population et les autorités locales. Voir (de) Joseph Chmel, *Die Handschriften der k. k. Hofbibliothek in Wien*, Vienne, 1841, Codex Ms. nº 3410, « Reise des Erzherzogs Philipp nach Spanien 1501 ».

ibérique afin de réclamer la couronne de Castille après la mort d'Isabelle la Catholique, survenue en 1504. Dans son testament, la reine stipulait que l'héritière du trône soit sa fille Jeanne de Castille, le roi Ferdinand II d'Aragon, mari de la reine défunte, administrerait et gouvernerait la Castille en son nom jusqu'à ce que Charles de Habsbourg, futur Charles Quint, atteigne ses 20 ans. Cependant, la noblesse castillane ne soutient pas Ferdinand d'Aragon, décidant de laisser le gouvernement de Castille à l'archiduc d'Autriche Philippe le Beau, époux de Jeanne de Castille, mais le règne conjoint est de courte durée. Le nouveau roi de Castille meurt prématurément en septembre après deux mois de règne. Charles de Habsbourg, âgé de 6 ans, est immédiatement proclamé duc de Bourgogne, et devient le souverain des duchés de Brabant et de Luxembourg, des comtés de Flandre, de Hollande et de Bourgogne. Marguerite d'Autriche, sœur de Philippe le Beau et fille de l'empereur Maximilien Ier, prend en charge la destinée de Charles de Habsbourg et de ses sœurs Éléonore, Isabelle et Marie, tandis que leur frère Ferdinand demeure en Castille où il est né, son éducation étant assurée par son grand-père Ferdinand II d'Aragon. Sa sœur Dona Catarina de Austria, future reine de Portugal, née en 1507, est élevée également en Castille auprès de leur mère, que le veuvage a rendue folle[6].

Marguerite d'Autriche, tante de Charles de Habsbourg, une fine politique devient régente à la mort de son frère, décision appuyée par les États généraux des Pays-Bas qui refuse de voir Maximilien Ier s'emparer de la régence des Pays-Bas à cause de sérieux démêlés par le passé. Malgré tout, c'est ce grand-père qui est le plus proche de Charles de Habsbourg dont il admire la politique et la figure imposante dont il a réussi à imposer à ses ennemis et ses sujets. L'empereur accepte d'abandonner la régence, mais impose son choix de précepteur en la personne d'Adrien Floriszoon, recteur de l'université de Louvain, qui deviendra plus tard le pape Adrien VI. Ce

[6] Rui Ramos, Bernardo Vasconcelos e Sous, Historia de Portugal, Lisboa, A esfera e dos livros, 2015. P. 256. Serrano Bouza Joana, As Avis, as grandes rainhas, A esfera das livros, Lisboa, 2009.

sera d'ailleurs le dernier pape non italien à monter sur le trône de Saint-Pierre avant l'avènement, en 1978, de Jean-Paul II[7]. Ferdinand d'Aragon, ayant considéré que sa fille était en proie à la folie, ordonna qu'elle soit enfermée au palais royal de Tordesillas et devint régent du royaume de Castille. Depuis la mort de Philippe le Beau, la reine Jeanne de Castille ne serait pas séparée un instant du cercueil durant huit mois le promenant à travers les terres castillanes. Le cercueil était accompagné d'un grand nombre de personnes, y compris des religieux, des nobles, des dames d'honneur, des soldats et divers serviteurs. Les murmures et les rumeurs sur la folie de la reine augmentent chaque jour parmi les habitants des villages qu'ils traversent. Après quelques mois, les nobles, « forcés » par leur position de suivre la reine, se plaignent de perdre leur temps sur cette « folie ».

Le 5 janvier 1515, Guillaume de Croy obtint de Maximilien Ier qu'il déclare Charles de Habsbourg comme majeur, limitant ainsi les intrigues et les contestations envers le jeune souverain et la régente. Les États généraux nomment alors le jeune prince comme souverain légitime des Pays-Bas mettant fin à la régence de sa tante Marguerite d'Autriche. Cependant, sans sa propre volonté de gouverner du fait de son jeune âge de 15 ans, le jeune souverain déléguera alors le pouvoir au seigneur de Chièvres. La même année, le cardinal Adrien d'Utrecht se rend en Aragon pour s'assurer que Ferdinand d'Aragon ne s'opposera pas à Charles de Habsbourg pour l'héritage de Castille et d'Aragon en faveur de son frère Ferdinand de Habsbourg, qui a grandi avec lui. Bien qu'il ait promis de nommer le futur Charles Quint comme successeur, les conseillers du roi d'Aragon peuvent le convaincre peu avant sa mort de nommer Ferdinand à la place de son frère aîné. Ferdinand de Habsbourg est né ainsi dans le palais archiépiscopal d'Alcalá de Henares, en Castille, le 10 mars 1503, nommé en l'honneur de son grand-père maternel Ferdinand d'Aragon. Philippe le Beau démontrant sa volonté de s'éloigner des racines

[7] Chaunu et Escamilla, *Charles Quint*, op. cit. p. 55.

flamande et allemande de sa famille, accepte que son second fils soit élevé à Simancas, tandis que son grand-père Ferdinand d'Aragon nomme le dominicain Álvaro de Osorio pour son éducation afin d'en faire un prince espagnol. L'ironie du sort est que Charles Quint élevé aux Pays-Bas par Marguerite d'Autriche sera un roi d'Espagne autant que le souverain du Saint Empire, contrairement à son frère Ferdinand de Habsbourg qui est élevé en Espagne passera toute sa vie en Autriche et ensuite, à partir de 1558, dans le Saint Empire à la suite de son élection comme empereur. La mort prématurée de Philippe le Beau, en 1506, a laissé un vide de pouvoir en Castille avec Jeanne de Castille devenue reine, mais dont la folie empêche de régner de plein droit, laissant le pouvoir, avec conscience ou pas, entre les mains de son père Ferdinand d'Aragon[8].

Le jeune Ferdinand, en comparaison à Charles de Habsbourg, éprouve des difficultés à maintenir son statut de prince. En effet, à la mort de Philippe le Beau, son fils est immédiatement reconnu comme le souverain légitime et sans contexte des Pays-Bas, contrairement à son frère Ferdinand de Habsbourg qui se retrouve au centre d'un affrontement entre le gouverneur flamand de Tordesillas, Charles de Poupet, et la chancellerie de Valladolid. Tous deux veulent prendre le contrôle de l'infant, seul membre masculin de la maison régnante présent dans le pays durant le vide et la vacance du pouvoir. Entre-temps, le cardinal Francisco Jiménez de Cisneros, personnage fidèle à la couronne et soutien du roi d'Aragon, déjoue les deux complots établissant une régence dans la couronne de Castille au nom de Ferdinand d'Aragon.

La raison pour laquelle les deux princes sont aussi importants repose sur l'héritage qu'ils détiennent par leur sang et naissance. En effet, Charles de Habsbourg contrôle déjà les Pays-Bas. Mais l'héritage ibérique est de loin le plus riche et important dont le futur Charles Quint

---

[8] « Relación de la enfermedad y muerte del rey don Felipe, por el doctor Parra ». *Colección de documentos inéditos para la historia de España*VIII. p. 394-397.

prendra le contrôle. La guerre de Grenade marque le début du projet impérial, auquel vient se greffer la conquête des Canaries, les découvertes effectuées par Christophe Colomb au profit de la Castille, à partir de 1492, tout comme la cession française du Roussillon et de la Cerdagne, en 1493, tout comme le projet colonisateur de Nicolas de Ovando, en 1502, qui prévoit de poursuivre les découvertes de Christophe Colomb en amplifiant l'exploration des terres inconnues qui seront par la suite connues comme Amérique. Les campagnes militaires de Ferdinand d'Aragon apporteront de nouvelles terres à commencer par la conquête de Naples, en 1502, durant les guerres d'Italie contre le roi de France Louis XII. Ferdinand d'Aragon, également maître de la Sicile, restaure politiquement le royaume des Deux-Siciles, mais les deux entités qui le composent restent juridiquement distinctes, chacune gouvernée par un vice-roi représentant le roi d'Espagne. Le souverain d'Aragon tourne également son regard en direction de l'Afrique du Nord[9]. Cependant, contrairement au Portugal de Afonso V, Ferdinand d'Aragon s'oppose aux occupations à grande échelle et limite son action à l'occupation de certaines places côtières méditerranéennes, comme Oran. La raison est simple, jugée intenable et sans apport en ressources et richesses, l'Afrique du Nord ne présente aucun avantage primordial. La véritable occupation du souverain aragonais demeure les découvertes de l'Amérique, l'occupation et l'exploitation rapides des terres. Pour assurer à ses petits-fils une structure forte et surtout solide défensivement, Ferdinand d'Aragon décide de poursuivre l'assimilation de la Navarre, œuvre commencée dès le XIIe siècle. Pour réaliser son projet, Ferdinand d'Aragon avait neutralisé l'opposition française en épousant Germaine de Foix, nièce du roi Louis XII. En tant que fils de Juan II, il est intervenu activement dans la guerre civile de Navarre, avec l'introduction de troupes castillanes à l'intérieur du royaume de Navarre, jusqu'en 1512, il a ouvertement incorporé ou conquis définitivement la Navarre avec des troupes basques, aragonaises et castillanes, sous le commandement de Don Fadrique Álvarez de Toledo

[9] Escamilla Michèle, *Le Siècle d'Or de l'Espagne, apogée et déclin 1492-1598*, Paris, Tallandier, 2015. p. 39.

y Enríquez, duc d'Alba. Pour contrôler le royaume et dans le cadre des mesures diplomatiques, les Cortès de Navarre se réunirent le 23 mars 1513, où ils acceptent la domination aragonaise après avoir obtenu le respect des droits du royaume. Après cela, les procurateurs lui jurèrent obéissance en tant que « Roi Catholique, Don Fernando, roi de Navarre, notre seigneur à partir de maintenant... ».

Dans les pactes, le roi de France cédait à sa nièce Germaine de Foix les droits dynastiques du royaume de Naples et accordait à Ferdinand d'Aragon le titre de roi de Jérusalem, droits qui reviendraient en France en cas d'absence d'héritier. En faisant ce geste, Ferdinand d'Aragon forme un grand royaume, voir un empire méditerranéen, pour son successeur qui se dessine de plus en plus être la personne de Charles de Habsbourg ou de Ferdinand de Habsbourg, en raison de la folie de leur mère. La grande affaire qui occupera les souverains espagnols par la suite aussi bien Ferdinand d'Aragon que Charles Quint et Philippe II sont les guerres en Italie avec notamment la Ligue de Cambrai contre Venise, en 1511, la bataille de Pavie, en 1525, contre le roi de France, ou encore la ligue de Cognac, en 1526, contre les États pontificaux.

Le destin impérial du futur Charles Quint est donc un projet dynastique et non national. La monarchie dont héritera le jeune souverain est un amalgame d'entités politiques territoriales réparties à travers l'Europe[10], auxquelles s'ajoutent sans cesse de nouvelles conquêtes italiennes et américaines, qui ne partagent aucune cohérence aussi bien en langue ou en terme juridique. Les monarques, ce que Charles Quint et son fils et successeur Philippe II feront avec le plus grand soin, doivent respecter les différentes juridictions spécifiques des différents territoires et royaumes sous leur autorité, principalement en Europe, car le Nouveau Monde demeure rattaché au

[10] Paul Kennedy et Pierre Lellouche (présentation) (trad. Marie-Aude Cochez et Jean-Louis Lebrave), *Naissance et déclin des grandes puissances : transformations économiques et conflits militaires entre 1500 et 2000*, Paris, Payot, coll. « Petite bibliothèque » (n° 63), 1989 (réimpr. 2004). p. 64.

royaume de Castille avec une véritable cohérence juridictionnelle. Pour reprendre l'expression de John Elliott, la monarchie hispanique était un conglomérat de « monarchie composite » reposant sur l'acceptation mutuelle des parties constitutives dans lesquelles le roi jouait le rôle de médiateur au sein des différentes juridictions. Âgé de 15 ans et grâce à plusieurs mariages dynastiques et décès prématurés, le futur Charles Quint recevra en héritage le plus grand ensemble de territoires jamais obtenu par un souverain européen. Par sa grand-mère Marie de Bourgogne, morte en 1482, et de son père Philippe le Beau, mort en 1506, Charles de Habsbourg reçoit l'État des ducs de Bourgogne des Pays-Bas, prenant le titre de duc de Bourgogne. L'héritage de sa grand-mère maternelle Isabelle la Catholique, morte en 1504, la couronne de Castille et ses dépendances, notamment les possessions d'Amérique qui se limitent pour le moment à quelques îles. Les conquêtes de son grand-père Ferdinand d'Aragon, qui meurt en 1516, le futur Charles Quint recevra la couronne d'Aragon et ses dépendances à savoir Naples, la Sicile et les possessions en Afrique du Nord. Enfin, l'héritage allemand de Charles Quint provient de son grand-père Maximilien Ier, décédé en 1519, dont les territoires recouvrent les possessions héréditaires de la maison de Habsbourg : archiduché d'Autriche, différents comtés, etc. Tout en se plaçant comme l'héritier et le candidat naturel à la course pour la couronne impériale du Saint Empire romain germanique, malgré le caractère électif de cette dignité[11]. Au fait de sa puissance et de ses titres, à partir de 1525, Charles Quint réunira dix-sept couronnes sur sa tête recouvrant la majeure partie de l'Europe et du Nouveau Monde. Mais la gestion et l'administration de cet immense empire ne peuvent revenir à un souverain sans éducation et culture, raison pour laquelle, dès sa jeune enfance, Charles de Habsbourg est préparé et éduqué pour assurer cette charge écrasante.

[11] Le Saint Empire est une couronne électif, la succession ne se fait pas nécessairement de père en fils, même s'il elle était de fait entre les mains, sans interruption depuis le début du XVe siècle, de la famille des Habsbourg.

La raison qui explique également la puissance et l'influence de la famille de Charles de Habsbourg est à rechercher dans les origines même de la puissante dynastie des Habsbourg[12]. Au cours des XIIe et XIIIe siècles, la descendance Habsbourg devient l'une des plus influentes du Saint Empire, Rodolphe Ier est le premier de la famille à recevoir le titre impérial. Dès son accession au pouvoir, Rodolphe entend remettre de l'ordre dans l'Empire, d'abord en mettant fin aux guerres privées, mais aussi et surtout en récupérant des territoires qui sont indûment occupés par certains princes, à commencer par le duché d'Autriche. Celui-ci a longtemps été détenu par la famille des Babenberg, mais cette lignée de ducs s'est éteinte en 1246, avec la mort sans héritier mâle du duc Frédéric II d'Autriche. Cependant, le roi de Bohême Otakar II, qui a épousé Marguerite d'Autriche, la sœur du duc défunt, a profité de la vacance du pouvoir durant le Grand Interrègne pour s'emparer du duché d'Autriche après avoir vaincu son rival, le roi de Hongrie Béla IV. Or, le droit féodal prescrit le retour à l'empereur des fiefs tombés en déshérence. Craignant sans doute l'arrivée au pouvoir de l'ambitieux Rodolphe de Habsbourg, Otakar a aussi été le seul des sept princes-électeurs à ne pas voter pour lui. Il ne s'est pas rendu non plus à la cérémonie du couronnement. En 1452, Frédéric III, père de Maximilien Ier, est couronné comme empereur par le pape Nicolas V légitimant un peu plus le pouvoir des Habsbourg. Frédéric III avait épousé Eléonore de Portugal, fille de Duarte Ier, roi de Portugal[13], dans une logique d'alliance matrimoniale avec les Aviz, chose poursuivie par Charles Quint. Frédéric III consacra une grande partie de son règne à la consolidation de ses biens patrimoniaux que Charles Quint poursuivra.

Les Habsbourg mettent en place une politique particulièrement singulière et à l'opposé des autres dynasties[14]. Alors que les monarchies de France, de Castille ou d'Angleterre tentent de stabiliser

---

[12] BérengerJean, *Histoire de l'Empire des Habsbourg : 1273-1918*, Paris, Fayard, 1990.
[13] Duarte Luis Miguel, D. Duarte, Lisboa, Temas e Debates, 2023. p. 351.
[14] Judson Pieter M., *L'Empire des Habsbourg. Une histoire inédite*, Perrin, 2021.

leur royaume par une centralisation administrative, tout en abaissant la puissance de la noblesse, les Habsbourg se trouvent dans une situation différente. Durant quatre siècles les luttes militaires et les stratégies politiques ont conduit la dynastie de Charles Quint à former un ensemble hétérogène de territoire sous leur domination. Ce vaste patrimoine plus ou moins héréditaire s'étendait des rives de l'Adriatique jusqu'aux confins de la Bohême. Ces territoires n'étaient pas du tout centralisés, la figure du souverain servait de catalyseur, mais ses différentes entités étaient en grande partie autonomes et gérées par des assemblées politiques nommées diètes. Avec Frédéric III, toutes les conditions étaient réunies pour la future affirmation de la maison des Habsbourg en Europe et plus simplement dans le Saint Empire. Les efforts de Frédéric III puis de Maximilien Ier ouvrent la voie à la puissance de Charles Quint. En effet, les liens avec le royaume de Portugal, la succession au titre impérial, une présence croissante dans les régions du Danube et l'heureuse alliance avec le duché de Bourgogne assurent aux Habsbourg une puissance et une influence sans limites. L'alliance avec les Aviz est très importante pour les Habsbourg, le commerce du sucre des îles de l'Atlantique et des îles esclavagistes, de l'or et du piment sur la côte africaine, a fait du Portugal du XVe siècle un pays en pleine croissance économique. Compte tenu du climat de paix dans le royaume lusitanien, où les seules opérations militaires de l'époque ont été menées en Afrique du Nord, ne risque nullement de perturber l'économie interne. Frédéric III était un dirigeant qui était constamment en proie à des problèmes financiers tout comme Charles Quint et Philippe II.

Une enfance à la cour des Pays-Bas

Si la jeunesse et l'éducation du futur Charles Quint se déroulent en milieu flamand, il faut remarquer que celui-ci avait été déjà fortement marqué d'esprit espagnol et autrichien. Sa tante Marguerite d'Autriche, fille de l'empereur Maximilien Ier, avait été sa première éducatrice. Si sa langue naturelle était le français et s'il rencontra toujours des difficultés à parler un allemand correct, bien qu'il pût s'exprimer à ses sujets dans cette langue, Charles de Habsbourg n'était nullement un prince bourguignon. Il n'avait pas hérité des ducs de Bourgogne leur goût pour une vie somptueuse et pour les fêtes grandioses. Ses précepteurs sont Guillaume de Croy, seigneur de Chièvres, qui reste un conseiller écouté jusqu'à sa mort en 1521, Charles de La Chaux et le doyen de Louvain Adrien Floriszoon, le futur pape Adrien VI[15]. Ce dernier lui inculque une foi très vive, teintée de simplicité et d'un certain humanisme que Charles Quint conservera toute sa vie, piété qu'il transmettra à son fils Philippe II qui démontra dans ce domaine une ferveur unique. Autre trait remarquable, Charles Quint démontre rapidement une forte volonté qui s'affirme à partir de son mariage, en 1526, avec Isabelle de Portugal, lui permettant de surmonter et de faire aux nombreux défis durant son règne.

Malgré les influences autrichiennes et espagnoles, Charles de Habsbourg est avant tout élevé dans les traditions de la cour de Bourgogne. Les quelques Espagnols qu'il fréquente dans sa jeunesse s'avèrent être des ennemis politiques de son grand-père Ferdinand d'Aragon. Sa langue maternelle est le français, langue des ducs de Bourgogne et des élites flamandes, il convient de préciser que son grand-père Maximilien Ier a également appris le français et s'exprime régulièrement dans cette langue, chose que Charles Quint ferra et qui simplifiera les entrevues avec François Ier lors de la captivité du roi de France, en 1525-1526, et lors de la visite de l'Empereur en France, en 1539[16]. Durant son éducation de prince, Charles de Habsbourg développera un fort idéal chevaleresque, de respect à la dame, et surtout de faire perdurer la mémoire d'un passé porteur d'une identité forte et du maintien de l'héritage bourguignon, chose commune et partagée avec son grand-père Maximilien Ier qui a défendu les territoires de sa femme Marie de Bourgogne contre les ambitions de Louis XI. L'opposition avec le royaume de France est donc un héritage

---

[15] Thomas Tanase, *Histoire de la Papauté en Occident*, Paris, Éditions Gallimard, 2019. p. 563.
[16] De La Clede, *Histoire générale de Portugal*, Paris, 1735.

reçu de la part de Maximilien Ier, mais renforcé et accru, à partir de 1516, avec les guerres d'Italie contre les ambitions françaises sur le royaume de Naples, possessions de la couronne d'Aragon. Malgré les efforts d'alliances et de paix, les royaumes de France et d'Espagne ne parviendront jamais à une paix durable. L'apparente bonne entente entre les souverains Valois et Trastamare pour se partager les zones d'influence en Italie, inspire au père de Charles Quint, un projet de grande alliance entre le Saint Empire, la France, les Pays-Bas, la Castille et l'Aragon en unissant son fils Charles de Habsbourg à la fille de Louis XII Claude de France. Un projet ambitieux, mais prometteur pour consolider et assurer la paix en Europe, mais pour que l'idéal de Philippe le Beau se réalise, il faut l'acceptation de Ferdinand d'Aragon. De leur côté, Louis XII est satisfait de conclure la paix et de s'assurer le duché de Milan qu'il a reconquis pour la seconde fois, Maximilien Ier accepte également après ses échecs en Bourgogne et en Suisse.

La diplomatie complexe et incertaine du roi d'Aragon va démontrer son habileté à retourner les choses en sa faveur, chose que Charles Quint ne maîtrisera jamais. En effet, dans les conditions de mariage et de paix, Philippe le Beau avait prévu le partage du royaume de Naples en deux entre Louis XII et Ferdinand d'Aragon, chose acceptée avec empressement par le roi de France qui dépêche, en 1501, l'Écossais Stuart d'Aubigny et Louis d'Armagnac, duc de Nemours, pour prendre possession du royaume de Naples, soutenue par son puissant allié Cesare Borgia qui s'est taillé au fil de l'épée une puissante principauté en Romagne. Sachant parfaitement son incapacité à résister à une guerre contre la France, Ferdinand d'Aragon accepte de « partager » le royaume de Naples, tout en ordonnant à Gonzalo Fernández de Córdoba y Aguilar[17], surnommé *El Gran Capitan* de réorganiser et moderniser les troupes, tout en se montrant hostile au mariage de son petit-fils Charles de Habsbourg avec la

[17] Duponcet, J. N, *Historia de Don Gonzalo Fernández de Córdova, renombrado el Gran Capitán*. Biblioteca digital de Andalucía. Jaén : Impr. Thomas Copado, 1728.

princesse Claude de France. À partir de 1504, ayant réorganisé ses fantassins en compagnie de 250 hommes, très mobiles, composés de piquiers et d'arquebusiers, formation de combat introduite par *El Gran Capitan* qui deviendra à partir de 1525 lors de la bataille de Pavie l'armée d'élite de l'Espagne dominant les champs de bataille jusqu'en 1640 sous le nom des *Tercio* espagnol. Avec cette nouvelle, dont héritera Charles Quint, *El Gran Capitan* remporte plusieurs victoires d'abord sur la cavalerie de Stuart d'Aubigny et ensuite sur le reste de l'armée française à Cérignole. La défaite française est totale, le duc de Nemours perd la vie avec 3 000 hommes ainsi que le royaume de Naples qui revient dans son intégralité à Ferdinand d'Aragon. Le jeu des alliances et la guerre sont également un héritage que Charles Quint acquière, mais cette fois des deux côtés de sa famille aussi bien autrichienne qu'espagnole.

Pour faire face à la mort de son père, en 1506, et de l'isolement, pour cause de folie, de sa mère, il faut bien trouver quelqu'un qui prenne en charge à la fois le gouvernement des Pays-Bas que l'éducation du futur Charles Quint ainsi que de ses sœurs Eléonore, Isabelle et Maria. Très attentif à leur avenir, leur grand-père l'empereur Maximilien Ier nomme sa fille Marguerite d'Autriche, âgée de vingt-sept ans et veuve depuis peu du duc de Savoie Philibert II. Elle arrive à Malines, en Belgique actuelle, en 1507, qui sera sa résidence principale préférée à Bruxelles, jugée trop dangereuse. Elle décide d'être assistée par trois conseillers : Mercurino di Gattinara, futur grand chancelier impérial, Jean de Marnix et Louis Barangier. Très vite le caractère fort et imposant de cette jeune femme impose sa volonté à tous les sujets de son neveu. La vie pour Marguerite d'Autriche ne fut pas tendre et elle se retrouve sans doute quelque peu dans le destin de son neveu qu'elle doit accompagner, former et protéger. Marguerite d'Autriche est la fille de l'empereur Maximilien Ier et de Marie de Bourgogne, duchesse de Bourgogne. Alors qu'elle n'avait que deux ans, Marguerite d'Autriche perd sa mère à la suite de son accident de cheval. Aux termes du traité d'Arras,

1482, la jeune archiduchesse est fiancée au dauphin de France, le futur Charles VIII, et envoyée en France sous la garde du roi Louis XI, apportant en dot l'Artois et la Franche-Comté. Marguerite d'Autriche vécue dix ans à la cour de France, où elle reçut une solide éducation, tout en côtoyant le jeu de la duperie, de la politique et des dissimulations dont Louis XI est un expert. En 1493, Charles VIII renonce au traité d'Arras en signant le traité de Senlis et épouse Anne de Bretagne, Marguerite d'Autriche doit retourner aux Pays-Bas.

Par la suite le jeu des alliances et des unions matrimoniales, vont la faire épouser Don Juan de Trastamare, fils des Rois Catholiques, héritier du trône de Castille et d'Aragon avec le titre de Prince des Asturies qui meurt en 1497. L'éducation que le futur Charles Quint reçoit est celle d'un chevalier enseigné par Guillaume de Croy, qui devient par la suite son « gouverneur » et grand chambellan. S'il possède un penchant pour les armes, les exercices physiques et les chevaux, il n'en regrette pas moins durant sa vie adulte de n'avoir pas réellement appris le latin qui est alors la langue de la culture écrite. À la fin de sa vie, il maîtrise si bien l'espagnol qu'il supervisera la traduction du Chevalier délibéré, poème épique de l'auteur bourguignon Olivier de La Marche, dont il garde toujours un exemplaire auprès de lui. Cette épopée renforce chez le jeune archiduc un attachement à la lignée brisée des ducs Valois-Bourgogne que lui a transmis aussi son grand-père Maximilien, ainsi qu'une méfiance profonde vis-à-vis des rois de France, que l'héritage italien des rois d'Aragon et l'élection impériale de 1519 ne feront qu'amplifier. Marguerite d'Autriche fait figure maternelle avec une énorme influence dans la vie du futur Charles Quint. Femme rusée, érudite et artistique, avec une cour qui comprenait les artistes Bernard van Orley et Albrecht Dürer et le maître tapissier Pieter van Aelst, elle a enseigné à son neveu « avant tout qu'une cour pouvait être un salon artistique ». Elle s'occupe de son éducation, obtenant comme précepteur le futur pape Adrien VI.

À partir de 1509, Maximilien Ier décide de prendre en main l'éducation politique de Charles de Habsbourg, âgé de neuf ans, et possédant déjà sa propre cour composée d'un grand officier, quelques gentilshommes de chambre, un confesseur, un médecin, des pages de son âge, des valets et des gardes. L'empereur incorpore auprès de son petit-fils Guillaume de Croy, personnage ayant sa totale confiance, qui l'a servi fidèlement depuis presque trente ans et qui s'est chargé de missions délicates, tous avec succès. Destiné tout d'abord au métier des armes, Guillaume de Croy fait ses débuts, en 1481, dans la campagne de Frédéric III, père de Maximilien Ier, contre le roi de Hongrie Mathias Corvin. Malgré son profond attachement à l'alliance avec la France, contrairement à Marguerite d'Autriche qui est hostile à la France, cette différence ne signifie pas la fin de sa carrière, car la régente apprécie et reconnaît ses qualités d'homme de guerre et de diplomate. Pendant ce temps, le jeune Charles de Habsbourg entame un voyage durant lequel il est reçu comme souverain effectif par plusieurs grandes villes des Pays-Bas, selon le rituel de la Joyeuse Entrée, cérémonie solennelle tenue au Moyen Âge et pendant l'époque moderne, lors de la première visite d'un monarque régnant, prince, duc ou gouverneur dans une ville, au cours de laquelle les privilèges de la ville étaient confirmés ou octroyés. Ce geste de rencontrer ses sujets n'est pas sans rappeler le Tour de France effectué par Charles IX et sa mère Catherine de Médicis, en 1564-1566[18]. L'ensemble dont prend possession Charles de Habsbourg compte alors environ trois à quatre millions d'habitants. Il s'agit d'un ensemble riche, mais réticent à subvenir aux besoins financiers du prince. Les États généraux exercent en effet un contrôle sur la création des impôts indépendant du pouvoir du prince et dont le consentement est primordial pour lever des impôts aux Pays-Bas[19].

Les Pays-Bas occupent une place importante en Europe en ce début de XVIe siècle, en raison de leur emplacement stratégique, et les riches

[18] Abel Jouan, *Recueil et discours du voyage du Roy Charles IX*, Paris, Jean Bonfons, 1566.

[19] Catherine Denys, Isabelle Paresys, *Les anciens Pays-Bas à l'époque moderne (1404-1815)*, Belgique, France du Nord, Pays-Bas, Ellipses, 2007.

villes flamandes sont florissantes dans le commerce. Bien que situés dans le Saint Empire romain germanique et ses frontières, ces territoires étaient formellement divisés entre les fiefs appartenant à l'empereur et ceux du roi de France et formaient, comme le disait Henri Pirenne, « un État composé des provinces frontalières de deux royaumes ». La très haute éducation et son raffinement permettront au futur Charles Quint de parler quatre langues différentes : le français, l'espagnol, l'italien et l'allemand[20]. Dans le cérémonial de la cour bourguignonne, les enfants du duc tenaient un rôle primordial. Accompagnés d'un groupe de courtisans soigneusement choisis, ils assistaient presque à toutes les cérémonies de la cour et à tous les banquets. Quant au programme éducatif de Charles de Habsbourg, souvent partagé avec d'autres enfants du même âge, peu d'informations nous sont parvenues. Après un réveil matinal, les enfants allaient suivre l'office des matines chantées par les moines, puis se rendaient à la messe, car la première obligation d'un prince est de vénérer Dieu. La religion catholique donnait tout son sens à la vie sociale et en rythmait l'organisation. Un léger petit déjeuner précédait la journée d'étude. Les matières enseignées étaient généralement le latin, le grec, le français, l'écriture et, moins fréquemment, les mathématiques, la logique et le droit. Parmi les textes étudiés, les œuvres de chevalerie sont les plus prisées, car elles transmettaient les valeurs de la société médiévale comme la vertu, l'honneur et la réputation. De même, la lecture des exploits et des actions exemplaires des héros antiques vise à parfaire l'éducation. Tous les modèles du passé sont des références pour apprendre l'art de la guerre et du gouvernement. Le traité de l'art militaire de Végèce, Tite-Lie et Tacite, mais aussi Salomon qu'Érasme proposait comme le modèle idéal en vertu de son règne pacifique.

Selon Érasme, Henry VIII rêvait dès son plus jeune âge de reconquérir les provinces françaises perdues durant la guerre de Cent Ans, Charles de Habsbourg pense certainement, et cela se confirme

[20] Jean-Michel Sallmann, *Charles Quint. L'Empire éphémère*, Payot, 2004.

avec le traité de Madrid, en 1526, de reconquérir toutes les terres bourguignonnes arrachées par Louis XI à sa grand-mère Marie de Bourgogne[21]. Rapidement, Maximilien Ier devient un modèle à suivre dans la manière de gouverner, par ses triomphes militaires et plusieurs actions durant le règne de Charles Quint évoque les objectifs et l'influence de Maximilien Ier. À partir de 1506, après la mort de son père Philippe le Beau, Charles de Habsbourg devient grand maître de l'Ordre de la Toison d'Or, titre créé au XVe siècle par le duc de Bourgogne Philippe le Bon. Les principes de l'ordre reposent sur la chevalerie et la défense de la religion chrétienne. Son symbole était un lourd collier d'or d'où pendait la toison d'un bélier renvoyant à la légende de Jason et les Argonautes. Tous les membres de l'ordre sont des princes ou des hommes de la plus haute noblesse. Initialement au nombre de vingt-quatre, ils passent à trente par la suite. En tant que prince bourguignon, le futur Charles Quint attachait une grande importance à l'ordre de la Toison d'Or. Par la suite, l'ordre devient impérial et le nombre de chevaliers passe à cinquante dans le dessin d'y inclure plusieurs membres des différentes familles composant l'Empire de Charles Quint pour s'assurer de leur soutien et de leur fidélité.

[21] Joseph Pérez, *Charles Quint, empereur des deux mondes*, Paris, Gallimard, coll. « Découvertes », 1994.

II
Le monarque espagnol

Durant les guerres d'Italie, le roi Ferdinand d'Aragon décide de partir pour Naples, entre l'hiver 1506 et le printemps 1507, pour s'emparer en son nom propre du royaume qui était alors sous la direction de Gonzalo Fernández de Córdoba y Aguilar, surnommé *El Gran Capitan,* fidèle général au service des Rois Catholiques, et plus particulièrement de Isabel la Catholique, qui a rendu l'âme en 1504. La chose qui pousse Ferdinand d'Aragon à se rendre en personne dans le royaume de Naples est la crainte de voir les forces castillanes se retourner contre lui en s'emparant pour leur compte du royaume ou alors de reconnaître l'autorité de sa fille Jeanne la Folle et non la sienne, affaiblissant par extension sa position dans l'échiquier européen. L'archevêque de Tolède, Don Francisco Jiménez de Cisneros, chargé de la régence en Castille pendant l'absence de Ferdinand d'Aragon, insiste pour son retour. Malgré que Jeanne la Folle soit la souveraine légitime et reconnue à la suite de sa mère, mais son état mental ne lui permet pas de contrôler et de gouverner un royaume de Castille en pleine ébullition. Cependant, par calcul, Ferdinand d'Aragon décide de prendre le chemin du retour seulement le 4 juin 1507. Il se rend d'abord à Rome, où il obtient le chapeau de cardinal pour Cisneros qu'il négociait depuis six mois auprès du pape Jules II. Le 29 juin, le souverain Trastamare rencontre Louis XII à Savone, où il prépare la Ligue de Cambrai qui prend forme en 1508. Ferdinand d'Aragon débarque seulement le 25 juillet 1507 à Valence et se dirige immédiatement pour la Castille le 11 août. Il rencontre sa fille qui demeure la souveraine légitime, mais dont à la fin du mois d'août, il obtient sans difficulté les pleins pouvoirs.

En plus d'une situation économique et sociale catastrophique dans le royaume de Castille, deux problèmes réclament d'urgence une solution, d'une part l'état mental de la reine et le retour, désiré ou redouté, de Ferdinand d'Aragon. Celui-ci avait eu deux raisons de ne pas précipiter son retour de Naples, d'abord régler les affaires dans ce royaume, mais aussi attendre le moment opportun de voir se désagréger la situation en Castille, tout en œuvrant à distance à la réduction de l'opposition. En effet, à la mort de Philippe le Beau, la noblesse castillane s'est divisée en deux camps : les partisans du retour immédiat de Ferdinand d'Aragon, seule garantie d'ordre et de discipline, et les seconds à commencer par Don Juan Manuel ou Alonso Pimentel y Pacheco, duc de Benavente, voulaient empêcher ce retour de manière pacifique ou en employant les armes, pour accorder à Maximilien Ier, empereur du Saint Empire, la régence sur la Castille au nom de Charles de Habsbourg. En monarque avisé, Ferdinand d'Aragon décide de pardonner et de récompenser afin d'apaiser rapidement la situation en Castille. Cependant, en Andalousie, la situation économique et sociale vient ternir le tableau. Nombre d'aristocrates étaient encore sur le pied de guerre et par ailleurs les nouveaux chrétiens de la région de Cordoue vivaient dans la terreur de l'Inquisition. Pour redresser la situation, Ferdinand d'Aragon se rend en personne en Andalousie, escorté par une armée, entre septembre et décembre 1508. Il fait un exemple avec le marquis de Priego, neveu *d'El Gran Capitan*, qui fut condamné à mort, aussitôt commué en perte des biens, exil et destruction de son château de Montilla.

L'ordre une fois rétabli dans le royaume de Castille, Ferdinand d'Aragon peut reprendre son ambitieuse politique en Méditerranée et achever de restaurer l'intégrité territoriale de l'Aragon en conquérant les comtés pyrénéens et la Navarre pour la Castille. Par ailleurs, n'ayant plus aucun espoir de s'emparer de la régence de la Castille pour le futur Charles Quint, Maximilien, le 12 décembre 1509, reconnaît officiellement Ferdinand d'Aragon comme régent. Ce dernier confie au cardinal de Cisneros une série de réformes[22] afin d'imposer une discipline de fer, tout en menant une profonde réforme morale et spirituelle, au sein de l'Église espagnole : il favorise la rénovation des études théologiques, encourage la publication de la Bible polyglotte (latin, grec et hébreu) et fonde l'université d'Alcalá de Henares qui allait devenir un haut lieu de l'humanisme. À la même époque, l'action militaire espagnole se poursuit au sud de la Méditerranée. Depuis 1505, Ferdinand d'Aragon avait entrepris une action de grande envergure en Afrique du Nord. En cinq ans, il parvient à s'emparer de Mers el-Kébir, Oran, Bejaïa et Tripoli, action pouvant être perçue comme la continuité de la *Reconquista*, tout en sécurisant la Méditerranée contre les pirates barbaresques, tout en assurant la circulation des hommes et des marchandises entre l'Aragon et les royaumes italiens.

Tandis que l'état mental de Jeanne la Folle ne cesse de se dégrader et qu'elle refuse toujours de faire enterrer son mari de peur que des rivales ne volent le cadavre, il faut attendre le mois de mars 1507 à Tordesillas pour que Philippe le Beau soit finalement déposé dans le monastère de Santa Clara, il faut rappeler que l'archiduc est mort depuis le 25 septembre 1506. Le caractère épisodique, mais toujours plus fréquent, des crises de Jeanne la Folle, entrecoupée de moment de lucidité, donne une raison valable à son père pour la tenir à l'écart du pouvoir, chose que son fils Charles Quint ferra également. Ferdinand d'Aragon fait circuler dans toutes les cours d'Europe la nouvelle de la folie de sa fille avant de l'enfermer, en 1509, à Tordesillas entourée d'une petite cour. Cette décision scelle le destin de la reine de Castille, qui à partir de son enfermement, fut évincée de toute action politique, même si elle conserve son titre de reine de Castille jusqu'à la fin de sa vie en 1555. Même s'il reconnaît Charles

[22] García Oro, José, *Cisneros : un cardenal reformista en el trono de España,* Esfera de los Libros, 2005.

de Habsbourg comme son héritier, Ferdinand d'Aragon caresse le rêve de léguer le trône d'Aragon à sa propre descendance, mais le destin en décide autrement. Le 3 mai 1509, son fils Juan meurt le jour de sa naissance. Dès lors, il cherche à entraver l'avènement de Charles de Habsbourg, en plaçant ses espoirs dans son autre petit-fils Ferdinand de Habsbourg, frère de Charles Quint, qui est né et élevé en Castille à ses côtés, parlait parfaitement l'espagnol et avait reçu une éducation de prince catholique. En mai 1512, Ferdinand d'Aragon fait rédiger un testament à Burgos dans lequel il désigne officiellement Ferdinand de Habsbourg comme régent de Castille et lui transmet les titres de grand maître des ordres de Santiago, de Calatrava et d'Alcantara. Cette stratégie dissimulait un courant de nobles castillans favorable à la montée sur le trône de Ferdinand de Habsbourg, parmi eux se trouve Alvaro Osorio de Moscoso, évêque d'Astorga, Don Diego Ramirez de Guzman, évêque de Catane, et Pedro Nuñez de Guzman, trésorier de l'ordre de Calatrava. Évidemment, derrière les deux prétendants légitimes, des groupes d'aristocrates jouent leur propre destin et leurs ambitions personnelles.

Une situation explosive

Le 5 janvier 1515, au terme d'une négociation menée par le seigneur de Chièvres, l'empereur accepte de déclarer majeur Charles de Habsbourg âgé de quatorze ans[23]. L'une des raisons qui ont poussé Maximilien Ier à mettre fin à la régence est la demande des Pays-Bas, d'être à présent gouverné par leur prince, tout en offrant 100 000 ducats d'or comme cadeau à Maximilien Ier qui est toujours en recherche d'argent, problème que l'on retrouvera chez Charles Quint et ensuite Philippe II. D'autres facteurs expliquent son geste, âgé de soixante-six ans, et avant de disparaître, il veut voir son petit-fils lui succéder à la tête du Saint Empire. De plus, l'autre grand-père de Charles de Habsbourg, Ferdinand d'Aragon, âgé de soixante-deux ans, n'est pas en bonne santé et refuse toujours de reconnaître

[23] Pierre Chaunu et Michèle Escamilla, *Charles Quint*, Fayard, 2000. p. 90.

officiellement Charles de Habsbourg comme son successeur pour les royaumes d'Aragon, de Naples, de Sicile, de Sardaigne et de Castille. De plus, au même moment en France, les choses évoluent. Le 1er janvier 1515, le roi Louis XII, ancien ennemi et allié de Ferdinand d'Aragon et de Maximilien Ier, rend son dernier souffle à l'âge de cinquante-deux ans, sans héritier mâle, malgré ses trois mariages et la jeunesse de sa troisième épouse Mary Tudor, sœur de Henry VIII. Dans les Pays-Bas, on trouve le futur Charles Quint âgé de quinze ans et sur le trône de France désormais François Ier âgé de vingt et un ans. Les deux monarques arrivent au pouvoir au même moment, remplaçant l'ancienne génération, tout comme en Angleterre où Henry VIII, âgé de vingt-quatre ans, est sur le trône d'Angleterre depuis 1509.

Toute l'Europe était au courant que Ferdinand d'Aragon refusait de voir Charles de Habsbourg monter sur les trônes de Castille et d'Aragon. Ainsi pour s'y opposer, un ambassadeur aragonais vient à la cour de François Ier demander la main de Renée de France, fille de Louis XII, pour Ferdinand de Habsbourg. Pour éviter la fragmentation de l'héritage du futur Charles Quint, Adrien d'Utrecht fut dépêché auprès de Ferdinand d'Aragon pour plaider les intérêts de Charles de Habsbourg. Il propose au roi d'Aragon de demeurer régent de Castille jusqu'aux vingt-cinq ans de Charles de Habsbourg, même si la reine Jeanne la Folle venait à mourir, il propose également la somme de 50 000 ducats par an, à condition qu'il accepte Charles de Habsbourg comme héritier de tous les royaumes. Beaucoup d'aristocrates castillans et aragonais pensaient que le futur Charles Quint gouvernerait ses royaumes ibériques depuis les Pays-Bas. Pour contrer les retournements politiques de Ferdinand d'Aragon, il est convenu de signer une alliance et une paix perpétuelle entre le comté de Flandre et le royaume de France. Par ailleurs, François Ier s'engage à fournir à Charles de Habsbourg des navires et des soldats pour son voyage en Espagne à la mort de Ferdinand d'Aragon. Fin juin 1515, l'état de santé de Ferdinand d'Aragon devient critique. Adrien d'Utrecht est envoyé aussitôt à son chevet pour l'assurer de la prochaine venue de son petit-fils. À son arrivée début octobre ni le roi ni le cardinal Cisneros ne veulent le recevoir. La réaction de Ferdinand d'Aragon est sans ambiguïté, il accepte de voir Charles de Habsbourg, à condition qu'il vienne seul et qu'il laisse le gouvernement des Pays-Bas à son frère, ainsi que l'héritage des Habsbourg.

Jusqu'au bout, Ferdinand d'Aragon tente de s'opposer à la succession de Charles de Habsbourg pour les royaumes ibériques et leurs dépendances italiennes. Les conseillers du roi d'Aragon eurent les plus grandes difficultés de le convaincre d'abandonner son projet de désigner Ferdinand de Habsbourg comme son héritier, au risque de déclencher une guerre civile, comme celle qui a ravagé la Castille, en 1475-1479, au moment de la succession de Henrique IV[24]. Le 22 janvier 1516, à l'article de la mort, Ferdinand d'Aragon change finalement d'avis et rédige un Nouveau Testament dans lequel il reconnaît Charles de Habsbourg comme son successeur légitime en Aragon, en Castille, même si Jeanne la Folle demeure la souveraine en titre, il désigne son fils illégitime Alonso d'Aragon comme archevêque de Saragosse et régent d'Aragon, le cardinal de Cisneros demeure régent de Castille jusqu'à l'arrivé de Charles de Habsbourg. Ferdinand d'Aragon accorde au futur Charles Quint la maîtrise de plein droit des trois ordres militaires et à Ferdinand de Habsbourg une rente annuelle de 50 00 ducats, tout en demandant le bon traitement de Germaine de Foix, reine d'Aragon. La mort de Ferdinand d'Aragon, le 23 janvier 1516, fait naître un sentiment d'inquiétude et de confusion, le cardinal de Cisneros qui n'était pas au chevet du roi s'exprime quelques jours plus tard : « C'est là une bien grave perte pour la chrétienté, mais encore plus pour l'Espagne. »

La situation dans les Royaumes d'Espagne devient très confuse. Les Castillans acceptent difficilement d'exclure Jeanne la Folle du trône, la question de la succession s'annonce compliquée. Avec la disparition de Ferdinand d'Aragon, le parti flamand reprend espoir :

[24] *Memorias de la Real Academia de la Historia* – Tomo II. p. 460.

« C'était l'heure tant attendue des offices et des bénéfices, des faveurs et des grâces, pour ce parti finalement triomphant ». Soupçonnant un coup de force, le Conseil de Castille, le 4 mars 1516, envoie une lettre à Charles de Habsbourg dans laquelle il affirme que la mort de Ferdinand d'Aragon ne lui donne pas plus de droits que ceux qu'il possédait auparavant. Dès le 14 mars 1516, à la cathédrale Sainte-Gudule de Bruxelles, on s'empresse de déclarer roi de Castille et d'Aragon le jeune Charles de Habsbourg, que le pape Léon X et l'empereur Maximilien Ier confirment. Cette proclamation est perçue comme un véritable coup d'État, ne tenant compte ni des droits de Jeanne la Folle ni des prérogatives des Cortès. Le cardinal de Cisneros doit s'incliner à son tour, malgré sa propre protestation, en proclamant solennellement Charles de Habsbourg à Madrid comme Carlos Ier. Pendant ce temps, dans la Couronne d'Aragon, la situation était chaotique. La justice empêche l'archevêque Alonso d'Aragon de gouverner au motif que, selon les lois aragonaises, la charge de gouverneur ne pouvait être exercée que par l'héritier du trône. L'audience royale était d'accord avec la justice, mais a décidé que l'archevêque pouvait gouverner au nom de la reine Jeanne la Folle. Le 13 mai, Charles reconnaît les pouvoirs de l'archevêque. Dans le royaume de Naples, le vice-roi Ramon de Cardona fut confirmé dans sa charge par Charles de Habsbourg, le 11 février 1516. Quant au royaume de Sicile, avant la mort de Ferdinand d'Aragon, le vice-roi de Sicile, Don Hugo de Moncada, dissout le parlement hostile à une nouvelle donation pour rester en fonction jusqu'à la confirmation du nouveau roi Charles de Habsbourg, mais une partie importante refuse de reconnaître le nouveau monarque comme successeur de Ferdinand d'Aragon, mais rende hommage à sa mère Jeanne la Folle.

Ils considéraient qu'une fois le roi mort, la charge détenue par le vice-roi cessait automatiquement, les partisans de la reine lèvent des bannières pour Jeanne la Folle et forment une régence confiée à Gerac Simone Ventimiglia, et au marquis de Lycodia Matteo Santapau, seule la ville de Messine reste fidèle au vice-roi et au roi. Face à cette situation, le vice-roi de Naples, Ramón de Cardona, intervient pour obtenir un accord entre les parties pour se rendre à la cour de Charles de Habsbourg. Cependant, la position de la Couronne a été affaiblie, et en juillet 1517, une conspiration visant à changer la situation politique du royaume n'a pas réussi à mener à bien l'assassinat du vice-roi, ce qui a produit une révolte plus large connue sous le nom de rébellion de Squarcialuppo pour exiger l'ordre et la justice. Finalement, la situation revient à la normale et, en 1518, Charles de Habsbourg a été reconnu comme roi de Sicile.

Charles de Habsbourg, assuré de sa position de roi grâce à la reconnaissance du pape et de l'empereur, le 8 septembre 1517, Charles de Habsbourg décide de partir avec son escadre des Pays-Bas, à cinq heures du matin, à destination de Santander, en Espagne[25]. Mais une forte tempête détourne les navires, et au petit matin du samedi 19 septembre 1517, les quarante navires qui composaient l'armada se retrouvent au large des côtes de Villaviciosa, où il est décidé de débarquer. La première difficulté est de faire accepter son autorité par les Castillans et Aragonais. Contre lui jouent le particularisme de l'Aragon et les droits particuliers des provinces, sans compter l'hostilité de Castillans, partisans de sa mère Jeanne la Folle, enfermée au château de Tordesillas, mais considérée par eux comme la seule souveraine. Et même longtemps après sa prise de pouvoir, on constatera un refus des Aragonais et Castillans de reconnaître l'autorité de Charles Quint. En effet, à partir de 1519, la rébellion des *Germanías*[26] dans la ville de Valence par les artisans, qui ont obtenu la reconnaissance et l'autorisation royale de s'organiser et de s'armer prennent le pouvoir en 1520. Dès lors, la révolte des *Germanía*, se répand comme une traînée de poudre dans tous les états de la couronne d'Aragon. Dans les villages et les villes, des juntes locales ont été créées afin de gouverner la population et supprimer les droits et les obligations imposées par les municipalités et la royauté. Cependant, le mouvement s'est désarticulé, car certaines demandes des artisans dans

[25] Chaunu et Escamilla, *Charles Quint*, op. cit. p. 57.
[26] Pérez, Joseph, *Los Comuneros*. La Esfera de los Libros, 2001.

quelques villes ont été satisfaites par des moyens légaux ou des accords. À d'autres endroits, les artisans ont été durement réprimés. À partir de 1521, seuls des incidents isolés et sans conséquence ont été enregistrés en Catalogne et en Aragon. À Valence et à Majorque, les escarmouches se sont poursuivies après la chute de Valence, le 14 octobre 1521, jusqu'à la capitulation de Majorque, le 8 mars 1523. Cette révolte est un des éléments déclencheurs de l'accélération du processus centralisateur, de la perte de pouvoir de l'oligarchie nobiliaire valencienne et d'une forte réduction des droits du peuple valencien. Certains aristocrates veulent également profiter de la vacance du pouvoir pour susciter des troubles, elle manifestait son opposition à tout pouvoir fort et à l'autorité du régent le cardinal de Cisneros dans les villes de Burgos, Leon ou Valladolid. À Malaga, la ville appel son nouveau à l'aide contre l'amiral de Castille qui s'opposait ouvertement au régent, dans la Mancha, le duc d'Infantado jalousait violemment le comte de La Corña, neveu du cardinal de Cisneros.

Entre avril et juillet 1517, Fadrique Álvarez de Toledo y Enríquez, duc d'Albe, et Álvaro de Zúñiga y Pérez de Guzmán, duc de Béjar, se disputent la vacance du grand prieuré castillan de l'ordre de Saint-Jean, dont le cardinal Cisneros tente de concilier les deux parties, mais sa très haute naissance fait dire au duc d'Albe « que sa maison n'est pas disposée à obéir à un moine ». En Andalousie, Pedro de Giron, fils du comte d'Ureña, tente de s'emparer du duché de Medina Sidonia, la duchesse était la fille de l'archevêque de Saragosse, donc petite-fille de Ferdinand d'Aragon. Mais la noblesse n'est pas la seule source de problèmes pour Cisneros. La présence en Castille de certains membres de la famille royale complique encore plus les choses. La reine Jeanne la Folle évidemment, qui règne sans pouvoir gouverner[27], la jeune infante Dona Catarina de Austria[28] qu'il faudra arracher à sa mère, la reine veuve Germaine de Foix et surtout l'infant Ferdinand de Habsbourg. En plus qu'elle ruinait le trésor royal par son grand

[27] Manuel Fernández Álvarez, *Juana la Loca : La cautiva de Tordesillas*, 2000.
[28] Serrano Bouza Joana, *As Avis, as grandes rainhas*, A esfera das livros, Lisboa, 2009.

train de vie, la reine d'Aragon n'était pas fiable politiquement à cause de ses contacts avec la noblesse aragonaise, la cour de France et la famille Albret, elle sème la confusion dans une Castille déjà troublée. Après la mort de Ferdinand d'Aragon, les partisans de Ferdinand de Habsbourg menacent plus que jamais de semer le désordre en Castille, certains envisagent même de le placer sur le trône d'Aragon. Cependant, le cardinal Cisneros parvient à extraire l'infant et demande de l'envoyer auprès de Charles de Habsbourg qui réside à Aranda de Duero. Le cardinal régent implore le roi d'envoyer au plus vite son frère auprès de Maximilien Ier et de réunir au plus vite les Cortès afin de ramener le calme en Castille. Le cortège royal faisait le chemin entre les Asturies et le cœur de la Castille avec une lenteur calculée, à la manière de Ferdinand d'Aragon à son retour de Naples, retardant la jonction avec le cardinal de Cisneros qui s'affaiblissait à vue d'œil. Né en 1436, le régent de Castille est âgé de 81 ans, âge vénérable pour l'époque, reçu une lettre fixant le lieu de rencontre à Majados, et non à Valladolid comme le désirait Cisneros, en comité restreint comprenant le roi, Ferdinand de Habsbourg, Adrien d'Utrecht, le Conseil royal et le cardinal Cisneros. Mais il est trop tard, ce dernier rend l'âme le 8 novembre 1517, sans avoir rencontré le nouveau roi dont il avait défendu la légitimité au prix d'énormes efforts, tout en tenant à distance les partisans de son frère.

Le 12 décembre 1517, était lancé la convocation des Cortès, deux jours avant l'ouverture eut lieu la cérémonie solennelle de présentation de serment, à défaut de couronnement qui n'existe pas en Espagne, tout comme au Portugal. Une fois dans l'église, le cardinal Adrien d'Utrecht célèbre la messe, puis on installe un riche fauteuil devant l'autel où le roi prend place, avec le cardinal placé sur un siège en retrait, puis commence le défilé de ceux qui viennent rendre hommage, selon un rituel encore médiéval, au nouveau souverain. Ferdinand de Habsbourg et Éléonore de Habsbourg furent les premiers, suivirent les Grands d'Espagne, puis les aristocrates et enfin les trente-six députés venus des dix-huit villes du royaume représentées aux Cortès.

Celles-ci s'ouvrent le surlendemain, le 9 février 1518, pour durer environ un mois, avec comme premier acte de reconnaître officiellement Charles de Habsbourg comme roi légitime de Castille. C'était les premières Cortès de sa vie et de son règne. Elles furent pour cette raison d'une importance capitale.

Un autre événement d'une grande importance marque le début de règne de Charles de Habsbourg, celui de la désignation de l'archevêque de Tolède, un ecclésiastique de vingt ans, Guillaume de Croÿ, neveu et homonyme de son oncle le seigneur de Chièvre, tout récemment promu cardinal. Un étranger, jeune, inexpérimenté et proche parent du Flamand le plus détesté des Castillans, succédant de plus à un homme de l'envergure du cardinal de Cisneros. Certains contemporains attribuent cette nomination à certains Grands d'Espagne souhaitant s'attirer les bonnes grâces du roi et de son entourage flamand. Quoi qu'il en soit : « avoir donné le plus beau joyau de l'Espagne à un étranger » selon la formule du père Sandoval, nommer un étranger à la tête de l'Église d'Espagne contrevenait gravement à la volonté des Rois Catholiques qui avaient lutté avec acharnement pour garder la haute main sur les nominations des candidats aux postes les plus importants de l'Église espagnole, autrement dit des hommes choisis selon ses propres critères et en fonction de ses idées. L'un des critères de sélection imposés par la reine Isabel la Catholique était l'origine, afin d'empêcher les nombreux abus des règnes précédents où la haute fonction ecclésiastique et les bénéfices étaient trop souvent confiés à des prélats étrangers, souvent de la clientèle pontificale, pratiquant un absentéisme laissant leurs territoires sans surveillance et contrôle. De plus, les revenus qu'il ne négligeait pas de toucher étaient autant de capitaux qui échappaient à la couronne. Isabel la Catholique voulait certes un Castillan, mais aussi un homme vertueux, alors que s'élève dans l'Europe, et particulièrement dans le Saint Empire, la clameur des fidèles scandalisés par la corruption de l'Église, chose qui sera révélée avec fracas, en 1517, par le moine Martin Luther[29], la reine de Castille entreprend une véritable réforme de l'Église espagnole. Chose relayée par le cardinal de Cisneros qu'elle a choisi pour confesseur. Tout comme le haut clergé s'était presque toujours apparenté à la très haute noblesse, dans leur volonté de museler cette dernière, le choix des prélats devient indispensable pour resserrer les liens entre la couronne et les peuples, comme ce fut le cas avec de nombreux évêques appartenant à un ordre religieux. De plus, les hommes d'Église devaient être bien formés intellectuellement. Ceux qui sont présentés ou préconisés devront avoir un très haut niveau intellectuel, car, pour Isabel la Catholique, culture et morale vont de pair. Notons cependant que ces exigences sont généralement moins rigoureuses dans le royaume d'Aragon. On peut mesurer à quel point la nomination d'un jeune et étranger peut apparaître comme un sacrilège aux yeux des Castillans qui voyaient non seulement des Flamands envahir leurs terres, mais surtout bafouer les principes de leur reine défunte.

Aussi bien le double héritage spirituel reçu par Charles Quint était, selon la formule de Heinz Schilling, un « modèle de religiosité politiquement active » dans lequel s'inscrit le projet d'un nouvel ordre politique et spirituel dans la chrétienté auquel Charles Quint s'attelle dès son plus jeune âge. Analysant la sensibilité religieuse de l'Empereur, l'auteur estime que « la personnalité de Charles Quint et en particulier sa religiosité était déjà trop structurée avant l'intervention de Luther pour se laisser emporter par le courant[30] ». L'Empereur démontre une fermeté et une empreinte ferme envers un catholicisme rigoureux et intransigeant, héritage légué à son fils Philippe II qui démontre des qualités envers la pratique de la religion et la défense du catholicisme encore plus grand.

[29] Jean Schillinger, *Martin Luther et les débuts de la Réforme*, Nancy, Centre de recherches germaniques et scandinaves de l'Université de Nancy II, 2001.
[30] Escamilla, *Le Siècle d'Or*, op. cit. p. 303.

Les Cortès sont la représentation du royaume de Castille, de Valence, d'Aragon… Avec certes les limites de l'époque quant à la représentation. En effet, le monde paysan était absent des Cortès. Il convient de rappeler qu'à la différence du royaume de France qui avait les États généraux ou du Saint Empire romain germanique qui siégeait en Diète, il n'y en avait pas en Espagne du fait de son caractère de monarchie composite. Chaque royaume avait ses propres Cortès, ainsi que ses lois et coutumes, que chaque souverain était obligé de respecter et de s'adapter en passant de la Castille à Valence ou en Aragon. Le royaume de Castille avait sa propre, mais unique, assemblée, depuis la fusion au XIIIe siècle des couronnes de León, de Galice et de Castille, mais la couronne d'Aragon en avait trois différentes, sans compter celle de Navarre. Au départ la noblesse était très présente et occupait une place prééminente, mais sa participation diminua fortement au XIVe siècle en Castille pour cesser complètement, il en fut de même pour le clergé. Les villes ont ainsi servi d'appui pour le roi contre la force politique de la noblesse, notamment lors de la guerre civile au XIVe siècle entre Pedro Ier le Cruel et Henrique II de Trastamare, son demi-frère. Ce fut ce dernier, vainqueur de la guerre, qui limite le nombre des villes représentées aux Cortès. Tout comme le premier Trastamare, Isabel la Catholique s'appuie sur les Cortès de Castille au début de son règne pour contrebalancer la puissance de certaines familles aristocratiques ennemies qui contestaient sa légitimité durant la guerre de succession de Castille, en 1475-1479, en faveur de sa nièce Jeanne de Castille, reine de Portugal. Mais une fois terminé le conflit avec le royaume de Portugal de Afonso V et la guerre civile, une fois qu'elle a restauré l'autorité royale, Isabel la Catholique mettra de côté les Cortès entre 1480 et 1498. Comme sous les Rois Catholique, Isabel la Catholique et Ferdinand d'Argon, et durant les années suivantes, les Cortès réunissent uniquement les députés des villes, sans aucune intervention de la noblesse et du clergé. Ce qu'on appelle les Cortès générales, réunissant les trois ordres, ne furent jamais convoquées. Durant l'époque de Charles Quint, dix-huit villes constituaient donc ses

Cortès, chacune d'elles envoyant deux délégués, les assemblés comprenaient au total trente-six députés dont le choix n'était le hasard. La répartition géographique de ces villes démontre la primauté de l'ensemble Vieille-Castille et León, fruit d'une longue histoire médiévale et du rôle multiséculaire de cette zone durant la Reconquista.

Après la clôture des Cortès de Castille, Carlos Ier prend, le 21 mars 1518, le chemin de Saragosse pour réunir ceux d'Aragon. En chemin, il s'arrête à Aranda pour prendre congé de son frère qui allait quitter l'Espagne, le 23 mai 1518, pour rejoindre l'Autriche en passant par les Pays-Bas. À son arrivée, Charles de Habsbourg possède la légitimité dynastique, mais pas le pouvoir dans son ensemble qui se trouvait principalement entre les, mais de sa mère Jeanne la Folle et Ferdinand de Habsbourg. Les premiers mois de règne Charles de Habsbourg sont chaotiques et explosifs, tant qu'il ne posséderait pas l'autorité et la légitimité, l'éloignement rapide de son frère y contribue fortement. De plus, les maladresses du jeune roi inexpérimenté en matière politique et entouré de personnes détestées mirent sérieusement en difficulté le nouveau règne. Cependant, le redressement rapide de la situation, favorisé par les différentes révoltes, qui furent pour l'ensemble stoppées par le souverain en personne qui fut soumis à des années terribles entre 1517 et 1521, permet une « maturation accélérée », tout en ralliant une partie de la noblesse derrière le nouveau roi.

La constitution de l'Empire espagnol

Le destin impérial de Charles Quint fut donc un projet dynastique et non national. La monarchie hispanique était un amalgame d'entités politiques territoriales réparties à travers l'Europe, auxquelles s'ajoutent sans cesse de nouvelles conquêtes américaines, et qui ne partagent aucun corpus juridique commun. Aussi le monarque respecte les juridictions spécifiques des différents territoires soumis à son autorité, cette spécificité s'applique en Europe, puisque le Nouveau Monde demeure rattaché au royaume de Castille avec une véritable cohérence juridictionnelle. Pour reprendre l'expression de John Eliott, la monarchie hispanique est un conglomérat de « monarchie composite » qui repose sur l'acceptation mutuelle des parties constitutives dans lesquelles le monarque sert d'arbitre dans les différentes juridictions. L'Empire dont rêve Charles Quint est fondé sur l'idéal humaniste de *l'Universitas Christiana*, l'unité sous l'égide impériale, de tous les rois de la chrétienté. Charles Quint se sent ainsi investi de la mission de défendre l'unité des catholiques face aux deux grands ennemis : à l'extérieur, l'Empire ottoman de Soliman le Magnifique, et à l'intérieur, la montée en puissance du protestantisme au cœur de l'Europe. À cette ambition d'unité chrétienne en Europe s'ajoute le projet des Indes, considéré comme faisant partie des desseins divins dans lesquels la monarchie hispanique occupait le rôle central. Cette vision, correspondant à l'idéal impérial de Charles Quint, sert à légitimer toutes les actions menées en Europe et en Amérique. Afin d'accomplir pleinement son projet Empire universel, l'Empereur se voit obligé de livrer des guerres permanentes, d'une part pour faire reconnaître son hégémonie impériale et d'autre part afin de mettre un terme à la réforme de Luther et à la menace ottomane. Charles Quint affronte durant son règne d'abord le roi de France François Ier, qui remet en cause sa légitimité aussi bien en Europe, plus spécifiquement en Italie, que dans le Nouveau Monde, chose qu'il conteste également au Portugal de João III.

La bataille de Pavie, le 24 février 1525 et la paix de Cambrai, en 1529, signent la victoire impériale sur la France. Le projet de ce dernier suppose également d'aller jusqu'à imposer sa politique à la papauté, à la suite du Sac de Rome, en 1527, Clément VII accepte de signer un accord de paix avec Charles Quint et le couronne officiellement empereur de la chrétienté à Bologne, le 22 février 1530. Après avoir dominé l'Italie, Charles Quint doit affronter la menace de Soliman le Magnifique qui le défie en Méditerranéen par l'intermédiaire des pirates barbaresques commandés par Barberousse, tout en faisant le siège de Vienne, en 1529. Afin de faire de son rêve d'Empire universel une idée concrète, Charles Quint doit mener plusieurs expéditions en Afrique du Nord : Tunis, en 1535, de concert avec le Portugal, Alger, en 1541. À partir de 1547, la Ligue de Schmalkalden, formé par les princes protestants du Saint Empire, entre en guerre contre Charles Quint. La victoire de Mühlberg reste sans doute la plus mémorable et célèbre de l'Empereur, grâce au portrait équestre de Titien, qui commémore l'événement. Cependant, malgré la victoire, Charles Quint se voit obligé de signer la paix d'Augsbourg, constatant son échec à enrayer le protestantisme. Une autre difficulté qui se pose à l'Empereur est l'immensité des possessions des Habsbourg. La stabilité d'un territoire aussi étendu exige un réseau de communication pour la circulation efficace des ordres et des nouvelles relatives des régions éloignées.

La notion d'Empire universel pourchassé par Charles Quint peut être résumée par les lettres A.E.I.O.U : « *Austriae est imperare orbi universo* », cette expression latine propre aux Habsbourg signifie : « c'est à l'Autriche de régner sur le monde entier ». On la doit à Frédéric III, empereur du Saint Empire romain germanique de 1452 à 1493. Pour former son rêve, Charles Quint doit dominer l'ensemble des Humains, depuis l'expédition de 1492, de Christophe Colomb, le Nouveau Monde devient le principal objectif des hommes en quête d'aventure et de richesse, mais la monarchie va se servir des conquistadores pour agrandir ses territoires et ses richesses, même si au début les expéditions sont peu soutenues, rapidement Charles Quint constate les avantages à en tirer. Les conquistadores sont les conquérants par excellence, c'est-à-dire quelques milliers d'hommes qui ont donné à l'Espagne son empire américain ou au Portugal son empire indien. Leur renommée n'est pas usurpée : entre la découverte du Pacifique par Vasco Núñez de Balboa, en 1513, et les triomphes de Hernan Cortes, en 1521, et de Francisco Pizarro au Pérou, en 1535, qui ne sont que les plus connus, mais il existe d'innombrables conquistadores espagnols à l'image de Diego Velázquez de Cuéllar, Juan Ponce de León ou encore Alonso de Ojeda. Avec des moyens limités : des navires de faible tonnage, quelques chevaux, de rares canons et plus d'armes blanches que d'armes à feu, des bandes d'aventuriers opérant pour leur compte ont vaincu et détruit des empires parvenus à un très haut degré d'organisation et de puissance et surmonté de formidables obstacles naturels à l'image des empires aztèque et inca. Les conquistadores viennent en majorité des régions pauvres d'Espagne, celles qui, faute de pouvoir nourrir un excédent d'hommes, ont toujours fourni des émigrants et des soldats : Estrémadure (Cortés, Pizarro, Balboa, Alvarado, Hernando de Soto, Orellana), beaucoup d'Andalousie (NúñezCabeza de Vaca, Diaz de Solis, Ponce de León, Olid, Belalcázar) et des Pays basques (Elcano, Urdaneta, Garay, Legazpi, les Oñate et les Ibarra).

Les origines sociales des conquistadores ne sont pas moins variées. Beaucoup se donnaient pour d'authentiques hidalgos, d'abord en Castille puis au Royaume d'Espagne, tout comme en Amérique hispanique, qui est un membre de la petite noblesse, sans autre titre spécifique se prétendant de vieille souche chrétienne, sans mélange de sang juif ou maure. De fait, si la grande aristocratie ne participe guère aux premières expéditions, bon nombre de cadets de petite noblesse partent chercher fortune dans le Nouveau Monde ou en Inde. La plupart sont pourtant d'extraction modeste et souvent populaire : paysans pauvres attirés par le mirage de Séville, ville d'où partaient toutes les expéditions en direction de l'Amérique, soldats en rupture d'engagement, orphelins ou enfants trouvés, tôt jetés dans une vie de vagabondage, comme Almagro, ou héritiers d'honorables familles en quête d'une fortune, tel Bernal Diaz. Ce sont le plus souvent de jeunes hommes : Alvarado a vingt-cinq ans quand il passe aux Indes, Bernal Diaz et Hernan Cortés, dix-neuf ans. D'autres, qui ont combattu en Italie comme Pizarro ou en Afrique avant d'aller tenter leur chance au Nouveau Monde, font figure de vétérans. Le premier conquistador espagnol le plus célèbre est sans aucun doute Hernán Cortés qui est né à Medellín, en Estrémadure, d'une famille noble, mais sans fortune. À l'université de Salamanque, où il passa deux ans, puis travailla chez un notaire de Valladolid. Peu enclin toutefois à une carrière sédentaire, il décide de s'embarquer, en 1504, pour les Indes, en quête d'aventures et de fortune. À Hispaniola, actuel Haïti, puis à Cuba, en 1511, il prend part aux campagnes contre les Indiens et reçut une encomienda, c'est-à-dire le droit de faire travailler à son profit un certain nombre d'indigènes.

La faveur de Diego Velázquez de Cuéllar, gouverneur de Cuba, lui avait valu d'être nommé officier municipal de la ville de Santiago del Puerto. Cette vie paisible de colon fortuné est bouleversée par la découverte du Yucatán et du Mexique et par les perspectives de richesse et de gloire qu'elle promet. Les premiers voyages sur les côtes mexicaines, en 1517 et 1518, n'ayant pas donné de résultats tangibles, Diego Velázquez prépara une nouvelle expédition. Il en confia la direction à Hernan Cortés, dont il connaissait les qualités d'initiative et de commandement. Mais le gouverneur entend bien conserver la haute main sur l'entreprise, il s'agissait de prendre officiellement possession des terres reconnues et de se procurer de l'or par voie de troc, mais nullement de fonder de nouvelles villes ou de conquérir des territoires. Cortés prépare activement l'expédition, dans laquelle il investit ses ressources personnelles. Il n'eut aucun mal à recruter des soldats, expliqué par les difficultés économiques des Antilles, provoquées par la disparition rapide de la population indigène, stimule l'esprit d'aventure des colons espagnols. Le 18 février 1519, Cortés quittait Cuba, malgré les ordres de Velázquez, qui, tardivement alarmé de l'ambition de son protégé, voulait le relever de son commandement. Il avait avec lui 11 navires, une centaine de marins, 508 soldats, 16 chevaux, 14 canons, tous se dirigent en direction du Mexique alors dominé par l'Empire aztèque[31].

Son empire, peuplé de plus de 20 millions d'habitants, n'a qu'une centaine d'années d'existence et ses structures restent fragiles[32]. En

[31] Bartolomé Bennassar, *Cortés, le conquérant de l'impossible*, Paris, Payot, 2001, p. 65.
[32] Carrasco, Pedro, *Estructura político-territorial del Imperio tenochca. La Triple Alianza de Tenochtitlan, Tetzcoco y Tlacopan.* Ciudad de México : Fondo de Cultura Económica, 1996.

1428, au terme de longues guerres qui opposent les diverses tribus, le roi Itzcoal (1440-1469) conclut une triple alliance avec les cités de Texcoco et de Tlacopan. Cette coalition lui permit de soumettre ses rivaux. À sa mort, il laissa un pays plus ou moins pacifié, mais instable. À son accession au pouvoir, en 1503, Moctezuma II hérite d'une mosaïque de trente-huit « cités-Etats ». La plupart d'entre elles parlent des langues différentes, jouissent d'une large autonomie politique, conservent leurs anciennes hiérarchies et leur mode de gouvernement spécifique. Cependant, elles doivent payer à l'empereur aztèque des impôts sur toutes leurs productions (minerais, céréales, fruits, légumes, cacao, orfèvrerie, tissus, pierres précieuses, plumes de perroquet, bois...), et les cités ayant une importance stratégique sont placées sous la tutelle de « gouverneurs » militaires dépendant directement de l'empereur. Au-delà de leurs particularismes, les tribus ont un solide socle commun : la religion. S'ils adorent en premier lieu le soleil, principe de la vie et moteur de l'univers, les Aztèques vénèrent de nombreuses idoles, parmi lesquelles Quetzalcóatl, le serpent à plumes, qui jouera un rôle non négligeable dans la chute de l'empire. Il incarne le premier roi, un souverain mythique qui leur a promis de revenir les chercher un jour pour les conduire jusqu'à une « terre promise ». Depuis des siècles, devins et prêtres guettent donc les signes annonciateurs de ce retour. Moctezuma II exige même que ses sujets lui rapportent leurs rêves et leurs visions[33]. Les Aztèques sacrifient également à leurs dieux des êtres humains, en général des prisonniers de guerre auxquels on arrache le cœur à vif après leur avoir ouvert la poitrine avec un couteau en pierre, une pratique qui horrifiera les Espagnols. Tenochtitlán, au début du XVIe siècle, est une capitale éblouissante par sa richesse et son architecture sophistiquée.

Les civilisations méso-américaines ou précolombiennes étaient « très comparables à celles de l'Égypte ancienne ou de la Mésopotamie », rappelle l'historien Michel Graulich. Sociétés

---

[33] Hassig, Ross, *Aztec warfare: imperial expansion and political control* [*Guerra azteca: expansión imperial y control político*] (en inglés). Norman : University of Oklahoma Press, 1988.

guerrières, elles en ont les mêmes structures centralisées, hiérarchisées et pyramidales. À sa tête, on trouve une aristocratie qui possède d'immenses territoires, certains ont plus de 100 000 vassaux. Ils forment une caste fermée, l'anoblissement des roturiers étant exceptionnel, et 600 d'entre eux sont affectés à la garde quotidienne de l'empereur. Viennent ensuite les prêtres, voués au célibat et à une vie austère, chargés du culte de Quetzalcóatl et des autres divinités, dont le dieu solaire Huitzilopochtli et Tlaloc, la vieille divinité de l'Eau et de la Pluie. Le reste de la population est composé de guerriers, de marchands, d'agriculteurs et d'artisans, organisés en corporations ou guildes régies par des règlements très précis. Enfin, au bas de l'échelle, se trouvent les prisonniers de guerre, réduits en esclavage et marqués au fer rouge, parmi lesquels sont choisies les victimes sacrifiées aux idoles pour s'attirer leurs bonnes grâces. Vénéré par ses sujets comme un véritable dieu, Moctezuma II souffre, d'après les chroniqueurs espagnols de l'époque, d'un caractère faible, indécis, facilement impressionnable. Son jeune empire manque de cohésion et certaines tribus lui sont hostiles. Au début du XVIe siècle, le souverain aztèque n'est pas seulement préoccupé par les mauvais présages qui se manifestent dans le ciel et sur les eaux. Les Indiens installés sur les côtes du golfe du Mexique lui ont signalé à de nombreuses reprises le passage, au large, de mystérieuses « maisons sur l'eau » surmontée de « nuages ». Pour ces peuplades, qui ne connaissent que les pirogues et les barques plates, les caravelles des conquistadores, poussées par leurs immenses voiles claires, sont des apparitions aussi déroutantes qu'inquiétantes. L'empereur Moctezuma II et sa cour n'ont pas tort d'y voir des signes annonciateurs d'une catastrophe.

La rencontre historique entre l'Europe et les Aztèques a lieu le 8 novembre 1519 sur un pont, à l'entrée de la capitale Tenochtitlan. Hernan Cortés habillé en armure est accueilli par Moctezuma II, vêtu tout en majesté et « accompagné de deux cents seigneurs déchaussés et habillés d'une espèce de livrée très riche » comme le raconte le conquistador dans une lettre à Charles Quint. Échange de cadeaux, démonstration d'amitié et entrée solennelle dans Tenochtitlán, où l'empereur abandonne son palais royal à son hôte. « Nous vous reconnaissons pour maître », lui déclare-t-il. Mais cette résignation n'est qu'une ruse, volontaire ou subie de la part de l'empereur aztèque. Ayant eu vent d'une conspiration destinée à les assassiner, lui et ses soldats, Hernan Cortés décide de capturer Moctezuma II pour se servir de sa personne comme otage, le 14 novembre 1519, comme assurance contre toute nouvelle résistance, jusqu'à la fin du mois de mai 1520, Moctezuma vécut avec Cortés dans le palais. Cependant, Moctezuma a continué à agir en tant qu'empereur, soumis au contrôle global de Cortés. Au printemps 1520, profitant des fêtes rituelles célébrées en l'honneur du dieu du Soleil et de la Guerre, les conquistadores massacrent une partie de la noblesse, soit près de 10 000 hommes. La guerre que voulait éviter le conquérant espagnol est devenue inéluctable. Lors d'une émeute, Moctezuma II, en tentant de ramener au calme la population qui assiège le palais dans lequel il est retenu prisonnier, est mortellement blessé par une pierre jetée par un de ses sujets. Le 30 juin, profitant d'une nuit sans lune et d'une pluie diluvienne, Hernán Cortés sonne le signal de la retraite. Les Espagnols parviennent à sortir de la ville au prix de lourdes pertes. Très affecté par ce désastre, il l'appellera la *Noche Triste.* Grâce au soutien des tribus alliées, les Tlaxacltèques et les Totonaques, mais aussi les Texconans et les Calchas, Hernan Cortes lance une vaste offensive pour reprendre Tenochtitlan. Le siège dure trois mois.

Les Aztèques ont été frappées par une peste variolique à partir de septembre 1520, qui a duré soixante-dix jours. Malgré la résistance aztèque obstinée organisée par leur nouvel empereur, cousin de Moctezuma II. Beaucoup ont été tués ou capturés à commencer leur nouvel empereur Cuitlahuac[34] alors qu'il tente de s'échapper de la ville en canoë. La capitale, décimée par la famine et les épidémies, se rend le 13 août 1521. Le reste de la noblesse est exterminé, le successeur

---

[34] Rodrigo Martínez Baracs, *Cuitlahuia*, dans *V Encuentro Internacional de Lingüística en Acatlán*, UNAM, 2006. p. 385-386.

de Moctezuma II, Cuauhtémoc, le dernier empereur aztèque est fait prisonnier, il sera pendu en 1525. La riche cité et ses temples sont saccagés, pillés, brûlés. Cortés se consacre très vite à la reconstruction de la cité et à l'établissement du pouvoir espagnol sur tout l'Empire aztèque, avec l'aide de ses lieutenants. Le 15 octobre 1522, Charles Quint le nomme gouverneur et capitaine général des terres conquises.

Deux ans plus tard, Cortés organise une grande expédition vers la côte du Honduras. Mais bien vite, la marche dans les forêts immenses deviendra un enfer. Il s'agit de reprendre en main une entreprise dont le chef Cristóbal de Olid a voulu faire. Mais, avant même l'arrivée de Cortés, les partisans de celui-ci ont déjà assassiné Olid. Hernan Cortés avait emmené Cuauhtémoc en otage, ce qui lui vaut l'acte qu'on lui a le plus reproché : il fait exécuter l'empereur en cours de route, sous prétexte que ce dernier tramait une révolte générale. En fait, le danger pour Cortés venait encore des Espagnols eux-mêmes : des traîtres se sont emparés un moment du gouvernement de Mexico, l'ancienne Tenochtitlán. Les amis de Cortés viennent facilement à bout des usurpateurs, et le conquistador rentre triomphalement à Mexico, en mai 1526. De nouvelles intrigues l'obligent pourtant à se rendre en Espagne, en 1528, pour plaider sa cause auprès de Charles Quint. Son voyage est un triomphe : Hernan Cortés est fait marquis d'Oaxaca, un immense domaine lui est concédé au Mexique, il épouse la fille d'une Grande d'Espagne, le duc d'Aguilar. De retour au Mexique en juillet 1530, il se heurte encore à des jalousies diverses et se consacre dès lors à la mise en valeur de ses terres, faisant venir des mûriers d'Espagne pour l'élevage des vers à soie, créant des manufactures, exploitant des mines. Il organise même de nouvelles expéditions de découverte. Dans ces entreprises de conquêtes, il laisse une grande partie de sa fortune et se heurte à un nouvel adversaire, le premier vice-roi du Mexique, Antonio de Mendoza. Le conquistador revient encore en Espagne, en 1540, pour soumettre de nouveaux projets à Charles Quint. Mais on lui témoigne une certaine froideur, le temps des conquistadores est terminé, remplacé par l'administration. Hernan

Cortes doit se contenter de participer en 1541 à une expédition contre Alger. Il vivra désormais dans une demi-disgrâce, considéré, tout au plus, comme une gloire qui appartient à un passé révolu. Le présent, c'est le Pérou, cette possession qui rapporte enfin à la Couronne les quantités d'or massives espérées depuis la découverte du Nouveau Monde. Terrassé par la dysenterie, Cortés ne retournera pas dans l'immense empire qu'il a donné à Charles Quint. Le second personnage qui donne à Charles Quint la dimension universelle et mondiale à son empire se nomme Francisco Pizarro[35]. Plus âgé que Cortés, le conquérant de l'empire inca ne connaîtra la gloire que très tardivement : il lui aura fallu, en effet, franchir les innombrables obstacles que son origine des plus modestes avait accumulés sous ses pas. Le conquistador est né à Trujillo, en Estrémadure, fils bâtard de Gonzalo Pizarro Rodríguez de Aguilar, hidalgo sans fortune et militaire en Italie.

D'abord soldat en Italie, Francisco Pizarro passe en Amérique, en 1502, pour s'extirper de sa condition en Espagne en cherchant puissance et gloire dans une aventure lointaine. Pendant près de vingt ans, rien ne le distingue de ses compagnons d'aventure : lieutenant d'Ójeda au golfe d'Uraba, en 1509, puis de Vasco Nuñez de Balboa qu'il accompagna dans sa marche jusqu'au Pacifique, en 1513. Par la suite, au service du gouverneur Pedrarias, Francisco Pizarro procède à l'arrestation de Balboa, accusé d'être un traître cherchant à usurper le pouvoir aux dépens de Pedrarias pour créer un gouvernement distinct dans la mer du Sud. Pedrarias et Gaspar Espinosa condamnent à mort, en 1519, Vasco Nuñez de Balboa et doit subir la décapitation avec quatre de ses amis. Établi à Panamá, bénéficiaire d'une encomienda d'Indiens travaillant à son profit, Francisco Pizarro élève du bétail et paraît avoir connu une assez large aisance. La carrière de Francisco Pizarro n'a pas l'éclat de celle acquise par Hernan Cortés, mais sa personnalité est peut-être plus représentative, par ses qualités et ses limites mêmes, de la majorité des conquistadores espagnols.

[35] Bernard Lavallé, *Francisco Pizarro, conquistador de l'extrême*, Paris, Payot, 2004.

Cependant, l'année 1522 marque un tournant dans le destin de Francisco Pizarro. Des rumeurs et des rapports parlent d'un grand empire, le « Birú » ou « Pirú », dont le souverain, fabuleusement riche, régnerait sur les hautes terres de l'intérieur. Pizarro s'associe avec Diego de Almagro et un prêtre nommé Hernando de Luque qui figure dans l'entreprise comme prête-nom de Gaspar de Espinosa. Les trois hommes obtiennent du gouverneur de Panamá, Pedrarias Dávila, l'autorisation de poursuivre les recherches, et leur expédition prend la mer en novembre 1524 : « de nouveaux renseignements confirment l'existence du "Pirú" ».

Francisco Pizarro et Diego Almagro partent le 15 mars 1526, avec deux navires, et s'installent à l'embouchure du Rio San Juan en Colombie pendant que le pilote, Bartolomé Ruiz, va jusqu'au-delà de l'équateur. Près de la frontière actuelle de la Colombie et de l'Équateur, Pizarro attend les renforts qu'Almagro va chercher à Panamá. Mais le gouverneur a changé et le nouveau représentant du roi d'Espagne n'envoie qu'un lieutenant chargé de proposer le rapatriement aux membres de l'expédition qui le désirent. C'est alors que selon la légende Francisco Pizarro trace une ligne sur le sol et invite ceux qui ne craignent ni la faim ni la mort à rester avec lui pour s'assurer les richesses du « Pirú ». Pizarro se retrouve avec douze compagnons seulement, il devra attendre sept mois pour voir de nouveaux volontaires venir le rejoindre. En 1528, c'est le premier contact avec une grande civilisation inconnue. Il n'est pas question de s'emparer de villes qui sont puissamment fortifiées, mais les présents, des vases en or, des bijoux et des tissus précieux que les gens de Tumbes offrent imprudemment aux étrangers, sont autant de motifs pour poursuivre l'entreprise. Comme le gouverneur de Panamá y reste hostile, Francisco Pizarro est envoyé en Espagne par ses associés pour plaider leur cause devant Charles Quint, malgré les réticences de la cour et de l'Empereur pour cette nouvelle aventure, le conquistador a la chance d'être soutenu dans son projet de conquête par Hernan Cortés, au sommet de sa gloire et conseiller de Charles Quint. Pizarro reçoit le privilège royal de la conquête du Pérou à la suite des accords signés à Tolède, le 26 juin 1529. Il revient en Amérique avec ses frères Hernando, Gonzalo et Juan. Charles Quint ratifie la conquête espagnole de l'Empire aztèque et supervise également le début de la conquête du Pérou et l'établissement d'une brève colonie allemande au Venezuela, 1528-1546. Il considérait les Amériques comme une terre à évangéliser et, plus important encore, comme une source d'énormes quantités de lingots pour renforcer le trésor impérial. Comme l'a observé le conquistador Bernal Díazdel Castillo, « Nous sommes venus pour servir Dieu et Sa Majesté, pour éclairer ceux qui sont dans les ténèbres, et aussi pour acquérir cette richesse que la plupart des hommes convoitent. »

La conquête espagnole de l'Empire inca, également connue sous le nom de conquête du Pérou, a été l'une des campagnes les plus importantes de la colonisation espagnole des Amériques. Les Incas sont les héritiers de traditions culturelles remontant aux premières communautés de pêcheurs et d'agriculteurs originaires des plaines de la côte du Pérou, vers 1800 av. J.-C. Les archéologues y ont identifié différentes cultures, comme celle de Chavín (850-200 av. J.-C.), dont l'art est caractérisé par d'étranges dieux-animaux. Vers 100 avant notre ère, les Mochicas fondèrent sur la côte péruvienne ce qui allait devenir un puissant État. Ils étaient gouvernés par des prêtres-guerriers et créaient de merveilleux objets en or, en pierre semi-précieuse, en poterie, ainsi que de magnifiques textiles. Vers l'an 1000, deux empires se disloquent en de petits États locaux. Le plus puissant de ces États était l'Empire Chimú, situé dans la vallée de la Moche, qui émergea au début du XIIIe siècle et finit par s'étendre sur plus de 1000 kilomètres des plaines bordant la côte péruvienne.

On sait peu de choses sur l'histoire ancienne des Incas. Selon toute vraisemblance, ils seraient issus d'une tribu guerrière qui résidait dans la région des plateaux, au sud de la Cordillère centrale du Pérou. Selon la légende, MancoCápac les conduit hors des grottes qu'ils habitaient dans les montagnes pour les faire s'établir à Cuzco, dans une vallée fertile de la cordillère des Andes. On ne sait pas si MancoCápac a réellement existé, il aurait vécu vers 1200. Pendant plus de deux siècles, l'influence de la tribu inca n'excède pas plus de quelques dizaines de kilomètres autour de sa capitale. L'expansion commence véritablement au début du XVe siècle, à la fin du règne du huitième empereur inca, Viracocha, les Incas commencent à soumettre les tribus environnantes. Symbole de cette réussite, la capitale Cuzco se couvre de palais et de temples somptueux. Durant le règne de TupacYupanqui, l'Empire avait atteint ses limites naturelles, même si HuaynaCápac (1493-1525) fit encore quelques conquêtes mineures. Comme pour l'Empire aztèque, la société inca était extrêmement hiérarchisée. Pour les Incas, l'empereur descendait du dieu du Soleil et jouissait de pouvoirs incontestés. Les Incas pensaient que leur capitale Cuzco était le centre de la Terre. Au-dessous de l'empereur se trouvaient les gouverneurs des principales divisions de l'Empire, puis plusieurs autres castes de fonctionnaires qui vont en décroissant, chaque fonctionnaire étant responsable de la supervision de dix familles. Tous les Incas, les hommes comme les femmes, payaient des impôts en ce sens qu'ils travaillaient sur les terres, possessions de l'État et des dieux. Les hommes en bonne santé devaient également travailler à la construction des routes ou des forteresses, qu'ils arrangent en terrasses des flancs de montagne escarpés pour de nouveaux champs ou qu'ils bâtissent des canaux d'irrigation. Ce système permettait aux Incas de maintenir à plein temps une vaste armée dans les champs, pendant de longues périodes, ce qui leur donnait une supériorité sur leurs adversaires. Les femmes étaient tenues de réaliser des travaux d'artisanat tels que le tissage, les fins textiles étaient très prisés et considérés comme étant plus précieux que l'or. La fiscalité était administrée sans le concours de l'écriture. Les comptes étaient tenus au moyen d'un quipu, un système élaboré de cordelettes nouées. Les cordes de différentes couleurs représentent différentes sortes de biens, tandis que le nombre de nœuds sur chaque corde indiquait la quantité de vivres possédée ou distribuée.

L'économie inca était fondée sur la culture intensive de pommes de terre et de maïs, qui ne pouvaient pousser ni à l'est dans la forêt amazonienne, tropicale et donc humide, ni dans la partie la plus au sud des Andes, très aride. Les Incas pratiquent néanmoins l'élevage de lamas utilisés en qualité de bêtes de somme, alors que l'alpaga est domestiqué pour la qualité de sa laine. Le réseau routier des Incas œuvrant sur 20 000 kilomètres permettait aux armées et aux messagers de se rendre rapidement dans toutes les régions de l'Empire.

À l'image des Aztèques, les Incas ne connaissant pas la roue, le transport de marchandises s'effectue à dos de lama ou d'alpaga. Les peuples conquis sont obligés d'adopter leur mode de vie et leur langue, le quechua, langue toujours très répandue dans les Andes. La religion inca reposait sur le culte du dieu du Solaire, Inti, dont les empereurs se disaient les descendants. Son temple à Cuzco était entièrement recouvert d'or, le symbole du soleil. Viracocha, le dieu suprême est adoré comme le créateur de tout être vivant. Les cérémonies et rituels incas, nombreux et souvent très élaborés, sont principalement liés à l'agriculture et au déroulement des cycles saisonniers. Lors des cérémonies les plus importantes, des victimes sacrificielles, le plus souvent des animaux, mais aussi des hommes, sont offertes aux dieux. Mais à la différence des Aztèques qui sacrifiaient aux Dieux des esclaves ou des prisonniers de guerre, les Incas emmenaient les filles et les garçons de leurs villages natals pour Cuzco où ils étaient mariés rituellement pour garantir santé et fertilité au peuple. On les emmenait ensuite sur la cime d'une montagne sacrée puis on les enterrait vivants. Jusqu'à la découverte, en 1994, de la momie d'une petite fille de huit ans sur une montagne au Chili, on pensait que ces histoires étaient l'invention des Espagnols destinée à justifier l'anéantissement de la religion et la culture inca. Le corps de fillette fut retrouvé à 6000 mètres d'altitude, conservé par le climat sec. Ses cheveux étaient noués en une longue natte attachée à sa ceinture par un fil de laine d'alpaga noir. Des chaussons de cuir protégeaient ses pieds. Son châle était attaché par des épingles en argent au bout desquelles pendaient une boîte miniature et deux gourdes. Les corps enterrés de deux autres enfants furent retrouvés plus tard sur la même montagne. Ils ont peut-être été sacrifiés ensemble. Bien que nous ne connaissions pas la véritable signification de ces enterrements sacrificiels, il se peut qu'ils représentent la relation symbolique existant entre l'Inca et la Terre, la vie et la mort.

À la mort de Huayna Cápac, une lutte de succession s'était ouverte entre deux de ses fils, Huáscar et Atahualpa. Ce dernier, après avoir vaincu les troupes rivales, venait de prendre le pouvoir. Le 15 novembre 1532, Francisco Pizarro avec trois navires, 183 hommes et 27 chevaux, parvient sans encombre à Cajamarca. Il va profiter des mêmes circonstances qui ont permis à Hernan Cortés d'anéantir l'Empire aztèque à savoir les divisions internes au sein de l'aristocratie, les croyances qui font des hommes blancs les égaux des dieux, ainsi que de la supériorité militaire espagnole grâce aux armures et aux armes à feu. Francisco Pizarro va utiliser la même méthode utilisée par Hernan Cortés à savoir la capture d'Atahualpa, empereur inca, qui fut pris dans un guet-apens et fait prisonnier. La défaite de ses armées, sa mise à mort, le 29 août 1533, en dépit du versement d'une immense rançon, marque l'écroulement définitif de l'Empire inca. Le Pérou devint la vice-royauté de Nouvelle-Castille[36], et Lima, la nouvelle capitale en 1535. Sur ordre de Francisco Pizarro, son frère Hernando revient en Espagne pour rendre compte à l'Empereur Charles Quint de la conquête du Pérou, tout en lui remettant le fabuleux trésor amassé et lui exposer les requêtes de Pizarro et d'Almagro. Les métaux précieux et les trésors provenant des colonies ont été frappés en pièces de monnaie en Espagne, contribuant incidemment à une période d'inflation connue sous le nom de « révolution espagnole des prix », puis transférés dans les centres financiers des Pays-Bas afin de rembourser les dettes contractées par Charles Quint auprès des banquiers allemands et italiens. Ces

[36] Lacoste Marie-Pierre. *Les intendants de la vice-royauté de la Nouvelle-Espagne (1764-1821) : Répertoire prosopographique.* Nouvelle édition [en ligne]. Madrid : Casa de Velázquez, 2021

ressources ont soutenu les guerres du Saint Empire romain germanique, tout en faisant la fortune de Gênes et d'Augsbourg, siège des banques les plus importantes de l'époque, de la *Casa de la Moneda* de Séville et de la ville flamande d'Anvers qui est devenue le centre de toute l'économie internationale. Pendant le règne de Charles Quint, plus de 15 millions de ducats de lingots atteignent le trésor impérial, mais la hausse de l'inflation eut un impact sur le coût de l'emprunt qui passa de 17 % à 48 %. Les estimations concernant les revenus fiscaux des possessions européennes de Charles Quint varient considérablement. Ce système financier a permis à Charles Quint de maintenir une vaste armée impériale de lansquenets allemands, le gros des effectifs des armées impériales, des *Tercio* espagnols, l'armée d'élite, de chevaliers bourguignons et de condottieres italiens, mercenaires au service du plus offrant.

Hernando obtient pour son frère le titre de marquis et le droit d'étendre le territoire qu'il gouverne. Pour Almagro il obtient le titre de gouverneur de La Nouvelle Tolède, territoire à créer. L'opulente ville de Cuzco est sujet de discorde entre Pizarro et Almagro. Ces divisions entre chrétiens, engendrées par l'imprécision des instructions royales quant aux limites des régions concédées à Francisco Pizarro, le nord de l'Empire inca et à Diego Almagro, le sud, provoquent les premières escarmouches entre pizarristes et almagristes. Pizarro parvient cependant à un accord avec Almagro et, en même temps, le persuade d'entreprendre une expédition pour la conquête du Chili (1535-1536). Ce dernier, revenu déçu de son expédition, occupe Cuzco, le 18 avril 1537, provoquant un conflit entre Espagnols qui vont se battre lors de la terrible bataille de Las Salinas, le 26 avril 1538. La déroute des partisans de Diego Almagro est suivie par l'étranglement de leur chef, dont le cadavre sera décapité. Francisco Pizarro, pourvu du titre de marquis, va désormais s'attacher à l'organisation de son territoire au nom de Charles Quint, en attirant les immigrants, l'élevage des bovins et des moutons ainsi que la culture des céréales. Il fonde des villes et s'attache particulièrement au développement de la ville de Lima. Après la messe, des partisans de Diego Almagro, rassemblé autour de son fils Diego Almagro el Moso, partent en direction du palais du marquis gouverneur en criant : « Vive le roi, meurt le tyran. » Francisco Pizarro, qui déjeunait avec un groupe d'amis, a réussi à être averti peu de temps l'arrivée du groupe d'insurgées qui se trouvait aux portes de sa résidence, alors le conquistador a quitté la salle à manger pour s'armer dans sa chambre. Quand Francisco Pizarro retourne dans la salle à manger, ses invités ont fui, laissant son demi-frère Francisco Martín de Alcántara, Gómez de Luna et les pages Tordoya et Vargas. Les assassins, dirigés par Juan de Rada, montent l'escalier et trouvent Francisco de Chaves, devant la porte, qui fut tué immédiatement, et les insurgés pénètrent dans la salle à manger. Francisco Pizarro, âgé de 63 ans, sortit à la rencontre des intrus avec son épée tirée, rencontrant ses quatre fidèles compagnons. Cependant, la présence de Pizarro et son aura étaient telles qu'aucun adversaire n'osait passer la porte. Dans les combats, Francisco Martín est tombé transpercé de coups d'épée, ainsi que les deux pages et Gómez de Luna. Ce n'est qu'alors que les insurgés commencent à avancer en direction du seuil avec des lances pour le tuer de loin. Francisco Pizarro continua à se battre, plein de blessures, dont une au cou et au coude, ses vêtements sont tachés de sang, il jaillissait vers lui, mais sans montrer de faiblesse ni de courage, il a essayé de se lever pour continuer à se battre avant de s'effondrer sur le sol ensanglanté, le 26 juin 1541. Malgré plusieurs tentatives désespérées pour secouer la domination espagnole, la puissance inca ne se relèvera plus. En 1572, le vice-roi, Francisco de Toledo, ordonna la capture et l'exécution de TúpacAmaru, fils du dernier souverain Inca.

III
L'empire universel

L'Empire espagnol ne fut pas l'œuvre de la seule Castille, ni même de la seule Espagne : nombreux peuples et nations apportent également leur pierre à cet immense édifice qu'est l'Empire de Charles Quint. Outre le providentialiste de la mission impériale de l'Espagne, une conviction de supériorité naturelle était ancrée dans les classes dirigeantes et s'impose comme la caractéristique de l'action impériale. Pour mener à bien ses opérations de conquêtes et de contrôle de l'Europe, Charles Quint peut s'appuyer sur les richesses venant des colonies du Nouveau Monde, mais l'arrivée des métaux précieux n'étant pas assez rapide et assez fluctuante, l'Empereur doit pouvoir compter sur un soutien financier et proche pour faire face aux nombreux défis durant ses années de règnes et aux adversaires sur tous les fronts : en Italie, dans le Saint Empire, dans l'Europe de l'Est.

Pour financer ses énormes dépenses, Charles Quint peut compter sur les Fugger[37] et les Welser[38], deux familles de banquiers allemands. Ces familles fournissent des fonds dont Charles Quint avait continuellement besoin pour financer ses perpétuelles guerres à travers l'Europe face à la France, à l'Empire ottoman et aux protestants. Les Fugger et les Welser sont des commerçants et banquiers résidants à Augsbourg qui ont amassé d'immenses fortunes grâce à l'exploitation des mines d'argent du Tyrol ainsi qu'au commerce d'étoffes

---

[37] Léon Schick, *un grand homme d'affaires au début du XVIe siècle : Jacob Fugger*, éd. Sevpen, Paris, 1957.
[38] Walter Groshaupt: *Die Welser als Bankiers der spanischen Krone;* dans Scripta Mercaturae, 1987.

flamandes et anglaises et de produits orientaux. En échange de fonds prêtés à la couronne, les Welser obtiennent des licences pour capturer des esclaves, l'autorisation de commercer avec les Indes et de conquérir le Venezuela, ainsi que le titre de grand-maître des ordres militaires, en 1530. Les Fugger gagnent le droit de créer des maisons de commerce dans les Caraïbes, aux Moluques, et en Tierra Firme, nom donné du temps de la colonisation de l'Amérique par la couronne espagnole au Venezuela, à l'isthme de Panamá et à une partie des territoires de la Colombie, qui plus tard formeraient une partie de la vice-royauté de Nouvelle-Grenade. Les Fugger ont également l'autorisation de frapper de la monnaie et d'exploiter les mines de Guadalcanal et d'Almadén. Ces prêts ayant été concédés avec des taux d'intérêt de 12 à 14 %, ils devaient ainsi tripler leurs capitaux. Incapable de payer les dettes de son père, Philippe II suspend les paiements en 1557 et les créanciers se retrouvent ainsi ruinés. Pour maintenir l'unité de son empire, Charles Quint s'appuie également sur l'Église catholique. Entre 1508 et 1523, les papes accordent des prérogatives à la monarchie espagnole, mais dès 1516, ils ont accordé des privilèges similaires au roi de France, par le pape Léon X, et même plus tôt au roi de Portugal, par la bulle *Dudumcupientes*, du pape Jules II, en 1506. Plus tard, les monarques ont obtenu l'exercice de la totalité ou de la plupart des facultés attribuées à l'Église dans le gouvernement des fidèles, devenant, en fait et en droit, la plus haute autorité ecclésiastique dans les territoires sous leur domination. Plus tard, Charles Quint ajouta à ce qui précède la position de patriarche des Indes, obtenant le contrôle de toute l'œuvre évangélisatrice.

Le conflit avec François Ier

En 1519, lors du décès de Maximilien Ier, empereur du Saint Empire romain germanique, incorpore à ses domaines les territoires autrichiens des Habsbourg, mais laisse un trône impérial vacant, occupé depuis 1438, par un membre de la maison des Habsbourg. Cette longue continuité dans le choix des électeurs fait oublier que la dignité impériale est élective, même si le principe héréditaire se met en place. Au moment de la mort de

Maximilien Ier, les électeurs entendaient bien rappeler leur liberté de choix pour le nouvel empereur. On peut le constater lorsqu'en 1518, Maximilien Ier demande d'élire, comme roi des Romains, l'aîné de ses petits-fils, le futur Charles Quint, les sept princes électeurs n'ont donné que des réponses évasives, seuls l'archevêque de Trêves et le duc de Saxe ont refusé. Au Moyen Âge et au début de l'époque moderne, le collège électoral était composé d'un nombre de sept, puis plus tard neuf princes. L'empereur était élu à la majorité de leurs voix. Les sept princes-électeurs sont désignés par la Bulle d'or, code juridique essentiel du Saint Empire, promulgué par l'empereur Charles IV, le 10 janvier 1356. Elle donne à l'institution de l'Empire sa forme définitive, jusqu'à sa dissolution en 1806, attribuant le choix de l'empereur aux sept princes-électeurs : le prince-archevêque de Mayence, le prince-archevêque de Cologne, le prince-archevêque de Trèves, le roi de Bohême, le comte palatin du Rhin, le duc de Saxe et le margrave de Brandebourg. L'empereur Maximilien Ier était conscient que l'élection impériale sera un enjeu crucial et se montre parfaitement conscient de la volonté des électeurs d'imposer leur autorité lorsqu'il écrit à son petit-fils le 18 mai 1518 : « Il ne faut pas se prévaloir de sa parenté pour faire pencher la balance du bon côté, il n'y a que l'argent ». Marguerite d'Autriche pensait la même chose que son père lorsqu'elle écrit : « Il y a deux voies qui mènent à la couronne, l'un est l'argent, l'autre est la force. »

Pour mener à bien sa mission, Marguerite d'Autriche peut compter sur l'appui du nouveau chancelier Mercurino Gattinara qui perçoit dans l'élection de Charles de Habsbourg le moyen de réaliser le vieux rêve de monarchie chrétienne universelle. En 1519, le collège des électeurs était constitué : Frédéric III, duc de Saxe, Louis de Wittelsbach, comte palatin du Rhin, Louis de Jagellon, roi de Bohême et également de Hongrie et allié des Habsbourg, Joachim de Hohenzollern, margrave de Brandebourg, Albert de Hohenzollern, archevêque de Mayence et frère du précédent, Richard von Greiffenklau, archevêque de Trèves et Hermann von Wied, archevêque de Cologne. La couronne impériale valait à son détenteur un prestige considérable non seulement dans l'Empire, mais aussi dans toute la chrétienté. L'iconographie de l'époque représente l'empereur placé au même niveau que le pape, symbolisant la dualité du pouvoir en Occident : le pouvoir temporel détenu par l'empereur et le pouvoir spirituel par le Saint-Père. De plus, l'empereur est le chef naturel de la croisade contre les Ottomans qui constituent alors une menace sérieuse tant en Méditerranée qu'en Europe, en premier lieu la Hongrie. Charles de Habsbourg, roi de Castille et d'Aragon, n'est pas le seul candidat à vouloir ravir la couronne impériale. Il y avait d'abord Henry VIII, roi d'Angleterre, marié à Catherine d'Aragon, tante de Charles de Habsbourg, et remarqué pour sa défense ardente de la religion catholique face à Luther, mais dont la position empêche la bonne administration et la défense de l'empire. On trouve ensuite Manuel Ier, roi de Portugal, marié à Maria d'Aragon, tante de Charles de Habsbourg, à la tête d'un immense empire maritime, dont la puissance et la richesse peuvent mener à bien la défense contre l'Empire ottoman, dont il déjà guerre sans être déclarée.

Le duc de Saxe est également candidat à la succession de Maximilien Ier[39], mais dont la puissance ne serait pas suffisante pour imposer le respect dans le Saint Empire, tout comme à l'extérieur. Enfin, le rival le plus puissant à Charles de Habsbourg est François Ier, roi de France, dont la richesse et la centralité de l'administration en font un candidat sérieux et redoutable, tout en prenant en compte, en cas d'élection, la continuité territoriale du royaume de France et du Saint Empire qui reformerait pratiquement l'Empire carolingien de Charlemagne. Il s'avère rapidement que les deux candidats les plus sérieux sont Charles de Habsbourg et François Ier, car le roi d'Angleterre se retire de la course pour des motifs financiers, le duc de Saxe pour des enjeux politiques et le roi de Portugal décide d'apporter son soutien à Charles de Habsbourg. Le roi de France peut compter sur un soutien de poids en la personne du pape Léon X dont le représentant fait une campagne active auprès des électeurs en faveur

[39] Le Fur Didier, *François Ier*, Paris, Perrin, 2015. p. 216-223.

du souverain Valois. Pour le Saint-Père, l'élection de Charles de Habsbourg représente un réel danger pour les États pontificaux, car le roi d'Espagne contrôle déjà le royaume de Naples et entendait bien s'imposer dans le Milanais, possession de François Ier. Léon X promet aux archevêques électeurs de Trêves et de Mayence qu'il était disposé à leur accorder le chapeau de cardinal en échange de leur vote pour le roi de France. Il y avait déjà eu dans le passé, sous Philippe III le Hardi et sous Philippe VI de Valois, des tentatives pour faire élire un prince français et l'idée avait pris de l'ampleur lorsque Charles VIII s'empare du royaume de Naples.

Pour arriver à ses fins, François Ier n'hésite pas à recourir à la force en suscitant des révoltes et des troubles dans le Saint Empire. Mais c'est l'argent qui se révèle être un élément décisif. Le roi de France l'utilise abondamment pour être certain de faire élire, tout comme la promesse de lancer une croisade au bout de trois ans. Il est certain que François Ier fait envoyer des fourgons contenant quatre cent mille écus d'or, obtenant ainsi les promesses des archevêques de Cologne et Mayence, de l'électeur de Brandebourg et du Palatin, lui assurant la majorité des voix. Cependant, l'archevêque de Trêves, le roi de Bohême et de Hongrie Louis II de Jagellon et le duc de Saxe Frédéric III demeurent fidèles au futur Charles Quint. L'argent avait joué un grand rôle dans le choix de l'empereur et sur ce plan Charles de Habsbourg avait manœuvré plus habilement. Le roi de France a payé avant d'être servi alors que les paiements du Habsbourg seront effectués après l'élection. Mais d'autres facteurs ont joué en faveur de Charles de Habsbourg avec des démonstrations de forces de la part des partisans du futur Charles Quint. Marguerite d'Autriche parvient à rallier à la cause de son neveu l'armée de la Ligue souabe en assurant le paiement de sa solde pour trois mois, si bien qu'au moment du vote à Francfort, 20 000 hommes encerclaient la ville. En second lieu, il y eut dans tout le Saint Empire l'émergence d'un sentiment national venant de la petite noblesse qui reconnaissait Charles de Habsbourg comme le véritable successeur de Maximilien Ier. Le 18 juin 1519, les membres du Collège électoral s'enfermèrent dans l'église Saint-Barthélemy de Francfort. Lors du conclave la candidature de François Ier est écartée par sa condition d'étranger, avec sa grande puissance et son ambition avec le risque de le voir conquérir la Flandre, terre d'empire. Le 28 juin, Charles de Habsbourg est élu à l'unanimité sous le nom de Charles Quint, Charles V en vieux français. L'accession au trône impérial de Charles Quint représente un danger pour François Ier et sa domination sur le duché de Milan. En effet, les possessions de l'Empereur prennent en tenaille à présent le royaume de France, si le Milanais venait à tomber dans l'escarcelle impériale, la France serait encerclée sur trois côtés.

D'autres acteurs sont présents dans cette période d'intense activité diplomatique, comme le pape Léon X qui n'a pas réussi à peser sur l'élection impériale. Le roi d'Angleterre Henry VIII a même essayé de devenir empereur, mais il peut peser au niveau politique avec sa présence en France où il occupe la ville de Calais, dernier vestige de l'Empire Plantagenet, avec des ambitions comparables à celles de ses prédécesseurs et peut utiliser ce port continental pour lancer une expédition en direction du royaume de France. Étant marié avec Catherine d'Aragon, fille des Rois Catholiques et tante de Charles Quint, les ambitions du roi d'Angleterre, de reconquérir le royaume de France, se mêlent des liens de famille étroits, renforçant le danger d'encerclement de François Ier. De plus, l'allié de Charles Quint le plus indéfectible et le plus puissant demeure le royaume de Portugal de Manuel Ier le Fortuné qui, grâce aux conquêtes de Vasco da Gama ou d'Afonso de Albuquerque, s'est taillé un immense empire maritime. Durant la Diète de Worms, le mouvement de la Réforme est porté à l'attention impériale de Charles Quint qui convoque Martin Luther lui promettant un sauf-conduit pour illustrer ses positions théologiques qui seront développées et accentuées par la suite. Un traité signé Londres, le 4 octobre 1518, prévoit en principe d'écarter la menace anglaise avec une forte somme promise à Henry VIII, cependant, l'élection impériale et la politique ambiguë du roi d'Angleterre laissent planer le doute sur son alliance. La montée en puissance de Charles Quint, force François Ier à renforcer les liens prévus par le traité de Londres. L'entrevue entre les deux monarques a lieu le 7 juin 1520 lors du Camp du Drap d'Or. Pour François Ier, les vingt-cinq jours passés aux côtés de Henry VIII n'apportent rien de concret. Après avoir quitté son hôte, le souverain Tudor retrouve l'Empereur à Gravelines, puis à Calais pour signer un traité afin de s'engager dans une politique commune.

Au printemps 1521, François Ier entame les hostilités en envoyant son général Robert de la Marck envahir les Pays-Bas bourguignons et une autre pour soutenir Henri II, roi de Navarre, afin de récupérer la Navarre ibérique. La Castille qui s'est révoltée contre le pouvoir de Charles Quint permet à François Ier de s'emparer de Pampelune et d'y installer Henri II. Le duc de Nara rassemble une armée et parvient à reprendre facilement la Navarre, le 30 juin 1521. Ce désastre militaire remet la Navarre entre les mains de Charles Quint. Le revers navarrais, au moment où les troupes impériales franchissent la frontière nord du royaume de France, démontre la faiblesse de François Ier dans sa lutte contre l'Empire de Charles Quint qui peut agir depuis n'importe quelle direction. Dans le duché de Milan, le maréchal de Lautrec fait venir, en 1521, 16 000 mercenaires suisses, sans avoir les moyens de les payer, afin de renforcer sa position et défendre le duché en cas d'attaque. Chef militaire sans envergure qui doit sa position de gouverneur uniquement à la faveur royale, il se révèle vite incapable de défendre Milan perdue lors de la bataille de la Bicoque le 29 avril 1522. Les impériaux, menés par Prospero Colonna, exploitent rapidement leur avantage et s'emparent de l'ensemble du Milanais et de la république de Gênes. De plus, François Ier perd son allié Léon X, mort en 1521, remplacé par un partisan de Charles Quint, son ancien précepteur Adrien d'Utrecht devenu Adrien VI. Une coalition rassemblant Charles Quint, Henry VIII qui décide de rejoindre l'Empereur pour obtenir des gains territoriaux et surtout la couronne de France, et l'ancien connétable de France Charles de Bourbon. Ce dernier est alors couvert de la gloire militaire grâce à une brillante carrière. Il participe au siège de Gênes, en 1507, et à la bataille d'Agnadel, en 1509, pour le compte de Louis XII. Nommé connétable de France lors de l'accession au trône de François Ier, en 1515, il contribue largement à la victoire de Marignan, qui fait du jeune roi le maître du Milanais.

À vingt-cinq ans, chargés d'honneurs, Charles de Bourbon est gouverneur du Milanais au nom du roi. Il prend des mesures efficaces pour défendre la province contre l'empereur Maximilien Ier. Cependant le connétable commence alors à perdre les faveurs du roi par l'action de Louise de Savoie, mère du roi. François Ier, intente un procès au Parlement de Paris contre Charles de Bourbon pour lui reprendre l'héritage des Bourbons lorsque sa femme Suzanne de Bourbon meurt. Le Parlement ordonne la séquestration de la propriété au profit de la couronne. Charles de Bourbon décide alors de négocier avec l'empereur Charles Quint et avec Henri VIII d'Angleterre. Ensemble, ils vont jusqu'à envisager la partition de la France, par laquelle l'empereur germanique prendrait le Languedoc, la Bourgogne, la Champagne et la Picardie. Le connétable ajouterait la Provence et le Dauphiné à ses domaines du Bourbonnais et de l'Auvergne. Enfin, le roi d'Angleterre aurait le reste de la France, de la Normandie à la Guyenne. Au début de l'été 1523, Charles Brandon, duc de Suffolk et beau-frère de Henry VIII, est prêt à débarquer avec 15 000 hommes et 1 000 cavaliers à Calais pour mettre en œuvre l'invasion de la France. De son côté, Charles Quint attaquera par le sud-ouest avec une force équivalente composée d'Espagnols et de lansquenets allemands transportés par mer depuis les Pays-Bas. Pour contrer la coalition, François Ier renforce ses défenses dans le nord du royaume, tout en dépêchant deux armées, l'une en Gascogne commandée par le seigneur de Lautrec et l'autre dans le Languedoc par le seigneur de Lescun. Mais le plan du roi de France ne se borne pas à la défense, il prévoit également une contre-attaque, dans le Milanais, dirigée par Anne de Montmorency qui est en Suisse pour recruter 12 000 mercenaires, tandis que l'amiral de Bonnivet est chargé de prendre le contrôle du pas de Suse, défilé des Alpes situé sur l'ancienne frontière entre la France et le duché de Savoie. Cependant, la république de Venise a signé avec Charles Quint et Francesco II Sforza, duc de Milan, une alliance prévoyant que la Sérénissime défendrait le Milanais en cas d'attaque française. En échange, Venise obtient la reconnaissance de ses frontières, au prix de 200 000 ducats payables en huit ans. Mais dans cette lutte qui s'annonce, François Ier n'est pas seul, il peut compter sur l'aide du cardinal Francesco Soderini, l'un des principaux conseillers du pape, prônant la paix entre Charles Quint et François Ier, encourage en sous-main le roi de France à attaquer la Sicile. Ce double jeu lui vaut d'être emprisonné à partir du 27 avril 1523 au château Saint-Ange, forteresse pontificale à Rome. Cette trahison, loin de servir François Ier, fait le jeu de Charles Quint qui peut désormais compter sur l'alliance des États pontificaux de Adrien VI qui était resté neutre jusqu'à présent. Mais cette alliance ne dure pas, le 14 septembre 1523, le pape meurt, son successeur est âgé de quarante-cinq ans, il fait partie de la prestigieuse et richissime famille des Médicis, prend le nom de Clément VII.

Fin octobre 1524, l'armée anglo-flamande du duc de Suffolk parvient aux bords de l'Oise, créant un mouvement de panique à Paris. Mais pour marcher sur la capitale, les troupes du roi d'Angleterre attendent l'arrivée des lansquenets impériaux, mais privés de protections de la cavalerie anglaise, ces derniers, harcelés par les cavaliers de François Ier, doivent se replier dans le Saint Empire. C'est le tournant de la guerre, le duc de Suffolk retraverse la Manche et le connétable de Castille Iñigo Fernandez de Velasco abandonne le siège de Bayonne. Pendant ce temps, l'amiral de Bonnivet à la tête de 1 500 hommes d'armes et 25 000 fantassins légers s'empare du pas de Suse, forçant le général de Charles Quint Prospero Colonna à se replier à Milan. L'amiral de Bonnivet décide de s'emparer de Milan en la soumettant à un siège, tout en envoyant le chevalier Bayard assiéger

Crémone, cité stratégique pour contenir d'éventuels renforts venant de Venise ou des États pontificaux.

Cependant, Clément VII[40] parvient à fournir de l'argent à Prospero Colonna[41] assiégé dans Milan qui attend les renforts venant de Naples s'élevant à 400 cavaliers et 4 000 hommes menés par le vice-roi de Naples Charles de Lannoy, tout en comptant sur les 6 000 lansquenets recrutés par Ferdinand de Habsbourg, frère de Charles Quint, dans le Saint Empire. Cependant, le 28 décembre 1523, le fin stratège qui a sauvé par deux fois Milan Prospero Colonna meurt à l'âge de soixante et onze ans d'une longue maladie. Malgré la perte de ce grand général, Charles Quint peut compter sur trois excellents chefs de guerre qui ont prouvé leurs talents de commandements et de guerriers : Charles de Bourbon âgé de trente-trois ans, ancien connétable de France et qui a pris part à de nombreuses batailles est nommé lieutenant général de l'Italie ; Charles de Lannoy, trente-six ans, vice-roi de Naples, compagnon d'enfance de l'Empereur, chevalier de la Toison d'Or et ancien écuyer de Philippe le Beau ; et enfin Fernando Francisco de Ávalos Aquino y Cardona, marquis de Pescara, âgé de trente-trois ans, vétéran des guerres de Castille, participe à de nombreuses batailles en Italie notamment celle de Ravenne ou de la Bicoque. Ensemble, ses trois redoutables généraux, accompagnés par Francesco Maria della Rovere, duc d'Urbino et capitaine général des armées pontificales, rejoignent les rangs impériaux avec une armée vénitienne, qui bloque et combattent les troupes de l'amiral de Bonnivet, pendant que Francesco II Sforza, duc de Milan, harcèle l'arrière-garde française avec une centaine de cavaliers et un millier de fantassins. Subissant de lourdes pertes, l'amiral de Bonnivet décide de se replier en direction des Alpes poursuivit par les impériaux, mais sans le duc d'Urbino qui estime son devoir accompli. Pour protéger l'arrière-garde, comme à son habitude, le légendaire chevalier sans peur et sans reproche,

---

[40] Maurizio Gattoni, *Clemente VII e la geo-politica dello Stato Pontificio,* Città del Vaticano, Archivi Vaticani, 2002.
[41] Pompeo Litta, *Famiglie celebri d'Italia. Colonna di Roma*, Torino, 1835.

Bayard trouve la mort lors de la bataille de la Sesia après avoir été de toutes les batailles en Italie : Fornoue, en 1495, aux côtés de Charles VIII, Garigliano où il a défendu le pont de la retraite de l'armée française, seul face à 300 Espagnols, Agnadel, Marignan…

François Ier a perdu les dernières places fortes d'Italie, la France se retrouve menacée d'invasion et entourée d'ennemi, d'autant que l'évêque régent Grasse Augostino Grimaldi, suite au meurtre de son frère Lucien Grimaldi, assure le gouvernement de la principauté au nom de son neveu Honoré Ier. Il décide d'apporter son soutien à Charles Quint moyennant le versement de 12 000 ducats de rente annuelle et la prise en charge de l'armée de 200 hommes. Malgré sa relative faiblesse en terme militaire, le Rocher possède une importance stratégique énorme, elle donne à l'Empereur un nouveau point d'accès pour effectuer une invasion ou lancer des raids sur le royaume de France. Autour du 20 juillet, Charles de Bourbon dirige une armée en direction d'Aix, mais l'inquiétude du général impérial monte, car les hommes et les 100 000 ducats promis par le cardinal Thomas Wolsey, principal ministre de Henry VIII, n'arrivent pas, tout comme l'artillerie et les navires de Hugo de Moncada transportant 2 000 hommes. Ce dernier est vaincu par la flotte française commandée par le grand amiral génois Andrea Doria. Charles de Bourbon lance l'invasion de la Provence, en 1524, mais échoue devant Marseille défendu par un remarquable personnage réputé expert dans la défense des places : Renzo da Ceri. L'armée impériale est contrainte de se replier en Italie, affaiblie, sans argent et renforts. Le marquis de Pescara, Charles de Lannoy, le duc de Bourbon et Francesco II Sforza, conscient de leur faiblesse, prennent la décision de défendre Milan et de laisser simplement Antonio de Leyva à Pavie avec 300 lances, 500 hommes et quelques lansquenets.

Le premier souci de François Ier n'est pas l'encerclement de son royaume, mais d'empêcher l'influence de Charles Quint de croître davantage en Italie. Les troupes impériales se retrouvent démunies et sans soutien en Italie puisque l'Empereur est à court d'argent et Henry VIII surveille étroitement les événements en Écosse qui menace de quitter l'alliance anglaise, portugaise et impériale pour la France. Le roi d'Angleterre fait envoyer 20 000 couronnes à Margaret Tudor, sa sœur et la régente d'Écosse pour son fils James V. Cet argent doit lui permettre de se maintenir à la tête du royaume écossais face aux partisans de John Stuart, duc d'Albany, allié de François Ier et ancien régent. La ville de Milan est frappée par la peste, pour cette raison, Francesco II Sforza et Charles de Lannoy, également conscients de l'impossibilité de défendre Milan, à cause du mauvais état des fortifications, décident d'évacuer la capitale du Milanais. Occupé rapidement, ainsi que plusieurs autres villes du nord de l'Italie, par François Ier avec plus de 25 000 hommes. Le roi de France est accompagné de grands capitaines de guerre : Anne de Montmorency, Louis II de La Trémoille, Jacques de La Palice, l'amiral de Bonnivet ou encore Michele Antonio delVasto marquis de Saluces[42]. Pour accentuer les problèmes, en plus des soldats de l'Empereur qui sont sans munitions, certains sans armes, le souverain pontife Clément VII décide de rejoindre l'alliance française et ainsi tenter de se défaire de l'étreinte impériale. Mais le plus grave ni le duc de Bourbon et le marquis de Pescara ni même Charles de Lannoy, vice-roi de Naples, resté en Italie pendant le siège de Marseille, ne sont en mesure de s'opposer à François Ier. Mais tous doivent se mobiliser pour secourir Antonio de Leyva enfermé dans Pavie avec 5 000 hommes. Convaincu de sa supériorité écrasante et de sa victoire finale, François Ier décida de diviser ses troupes en trois groupes : une armée demeure sous ses ordres et assiège Pavie, une autre doit se rendre à Gênes pour reprendre le contrôle de la république et enfin frapper le cœur de l'Empire de Charles Quint en Italie, le royaume de Naples.

À la mi-janvier 1525, 10 000 lansquenets, sous les ordres de Georg von Frundsberg, capitaine et tacticien impérial, arrivent en Italie pour soulager et sauver Pavie. Le marquis de Pescara ; conscient qu'il ne

[42] Dos Santos Davim Damien, *Pavie au cours des rivalités politiques…*, Nantes, Amalthée, 2019.

peut vaincre les Français en combat frontal, décide de couper les lignes de communication entre Pavie et Milan affaiblissant les Français en attendant les renforts de Charles de Bourbon et de Charles de Lannoy. Le 24 février 1525, les Impériaux à Pavie alignent 13 000 lansquenets allemands, 6000 Espagnols et 3000 Italiens avec 2300 cavaliers et 17 canons. François Ier prend l'initiative de mener une charge de cavalerie contre Charles de Lannoy avec l'intention de briser l'armée impériale en deux et de capturer Charles de Bourbon, mais en plus de faire cesser ses propres canons, la charge de François Ier se heurte aux piquiers allemands et espagnols, tout en étant pris par le feu des arquebuses cachées en embuscades par le marquis de Pescara avant la bataille. Une masse de fantassins espagnols et allemands commencent à fondre sur les Français totalement pris en tenaille par les troupes sur le champ de bataille, mais également par les forces de Pavie qui, menées par Antonio de Leyva, décident de sortir et charger les troupes françaises. Les dernières forces restantes, y compris les mercenaires suisses, sont intervenues pour protéger le roi qui refuse de se replier, mais encercler et entourer de cadavres la défaite est inéluctable. La bataille de Pavie est une terrible défaite, François Ier est capturé et de nombreux commandants tombent aux champs d'honneur : l'amiral de Bonnivet, Louis II de La Trémoille, Jacques de La Palice, et François de Lorraine, et beaucoup d'autres ont été faits prisonniers, comme Anne de Montmorency, Robert III de la Marck ou encore le marquis de Saluces.

La défaite du roi-chevalier place l'Écosse dans une situation embarrassante, s'étant officiellement alliée à la France, rien n'empêche Henry VIII d'envahir l'Écosse. James V envoie une ambassade pour conclure une trêve. Combien de fois dans l'Histoire, l'issue d'une guerre portait en germe la suivante ? Au début de l'année 1526, François Ier a dû signer le traité de Madrid, pour pouvoir recouvrer la liberté. Le roi de France doit restituer le duché de Bourgogne à Charles Quint. En échange de sa bonne parole, le souverain Valois doit laisser ses deux fils aînés en otage. Pendant la captivité, Louise de Savoie n'est pas restée inactive. Elle est parvenue à obtenir l'alliance de Henry VIII et une promesse d'aide de Soliman le Magnifique. Les États italiens craignent à présent l'Empereur qui est devenu trop puissant à leurs yeux. François Ier attend une occasion pour combattre son rival. Elle lui est offerte par l'offensive menée sur le royaume de Hongrie par les troupes ottomanes commandées par le sultan en personne. Les tractations diplomatiques permettent d'isoler Charles Quint, qui passe du statut de prince le plus puissant et le plus craint d'Europe à celui de souverain isolé. En effet, dès 1526, le pape Clément VII, Venise, Florence et Milan, tout comme l'Angleterre, adhèrent à une coalition formée par le roi de France connue comme la ligue de Cognac afin de forcer l'Empereur à libérer les deux otages contre une somme d'argent et à rendre Milan à Francesco II Sforza[43].

Rapidement, cette coalition européenne devient un duel entre Charles Quint, Empereur du Saint Empire, souverain des Pays-Bas, roi de Castille, d'Aragon, de Naples et de Sicile, et le pape Clément VII. Le souverain pontife est entraîné dans la rivalité franco-impériale, sachant pertinemment qu'il n'avait pas les moyens matériels et financiers pour gagner une guerre contre Charles Quint. Malgré une situation plus que difficile, le marquis de Pescara était mort en 1525, les soldats n'étaient pas payés, les généraux se trouvaient sans ressources financières et ils étaient moins nombreux que l'armée de la coalition. Malgré d'excellents commandants du côté de la ligue de Cognac : Jean de Médicis, commandant des Bandes Noires, le marquis de Saluces et Renzo da Ceri. Les renforts promis par François Ier durant tout le conflit n'arrivent jamais, malgré les demandes incessantes du pape, le 23 juin 1526, Sienne résiste aux membres de la ligue et Milan capitule devant Charles de Bourbon. Dépêché à Rome, Hugo de Moncada tente de saper la ligue par des moyens diplomatiques. La puissante famille des Colonna menée par le cardinal Pompeo Colonna, allié de Charles Quint, feint de se réconcilier avec Clément VII qui signe le 28 août 1526 un traité de

[43] Dos Santos Davim Damien, *Charles Quint, maître de la péninsule italienne*, La Bruyère, 2021.

paix avec la famille italienne. Pensant que toute menace est écartée, le Saint-Père, pour faire des économies, s'empresse de licencier la plus grande partie de ses mercenaires, un mois plus tard à la tête d'une armée venue de Naples, Pompeo Colonna assiège et prend Rome. Une armée impériale, formée principalement par des lansquenets dirigés par Georg von Frundsberg et Charles de Bourbon, se dirige en direction de Florence, défendue par Renzo da Ceri et le marquis de Saluces. Une armée alliée se trouve sur les arrières des impériaux, mais le duc d'Urbino décide de ne rien faire, uniquement suivre l'armée de Charles Quint, de loin, et d'observer sans risquer le combat. La mort de Jean de Médicis, le 30 novembre 1526, porte un coup rude à la ligue de Cognac, car ses attaques éclaires et escarmouches causaient énormément de pertes aux Impériaux, mais à présent seul le duc d'Urbino assume le commandement en chef des armées de la ligue de Cognac. Sans rencontrer d'obstacle et d'adversaire, les Impériaux poursuivent leur marche depuis Milan, puisque Florence était trop fortement défendue, il est convenu de marcher sur Rome.

Le 6 mai 1527, l'armée impériale attaque les murs de Rome. Le duc Charles de Bourbon dirige en personne l'assaut et au moment de monter à l'échelle pour escalader le mur, il fut frappé mortellement par un tir d'arquebuse. La mort du dernier commandant d'autorité respecté de l'armée impériale, Georg von Frundsberg était déjà reparti dans le Saint Empire frappé d'une attaque cérébrale peu avant l'assaut, fait disparaître toute retenue chez les soldats, qui s'emparent facilement des murs de Rome. Philibert de Châlon, prince d'Orange, prend le commandement des armées, mais il n'est pas aussi charismatique ou craint que les deux commandants précédents. Après six mois de pillage de la ville de Rome, le pape, qui avait trouvé refuge dans la forteresse Saint Ange, capitule, en décembre 1527. L'armée impériale décide de quitter Rome en raison de l'entrée en guerre de la France, en janvier 1528, avec le siège de Naples. Il faut rappeler que l'initiative de la ligue de Cognac revenait à François Ier et qu'elle était constituée depuis le 22 mai 1526. Mais la défection du grand amiral génois Andrea Doria met la France dans une fâcheuse position. Le changement de camp de l'amiral s'explique du fait de la jalousie des ministres français et la lenteur de François Ier à ratifier les promesses faites en faveur de Gênes. Son armée est décimée par les maladies et elle capitule le 15 août 1528. La paix entre le pape et l'Empereur est signée le 29 avril 1529. Les deux s'allieront pour remettre Alexandre de Médicis à Florence, en 1532, comme duc de Florence. La paix de Cambrai, ou paix des Dames, signée le 3 août 1529, clôture définitivement la guerre entre François Ier et Charles Quint.

Bien que Charles Quint n'ait pas ordonné le limogeage de ses armées ni même ordonné le Sac de Rome, il a immédiatement envoyé des lettres à toutes les cours européennes pour rejeter toutes responsabilités, il apparaît comme le seul responsable du désastre. Henry VIII accuse l'Empereur et se range du côté de François Ier. En 1528, à la recherche de nouvelles ressources, Charles Quint attribue une concession sur la province du Venezuela aux Welser, les banquiers allemands, en compensation de son incapacité à rembourser les dettes dues et dans le but de retrouver la légendaire ville de l'Eldorado. En 1529, les représentants de Clément VII et de Charles Quint signent le traité de Barcelone et rétablissent ainsi l'alliance pontificale impériale avec pour conséquence le ralliement du roi d'Angleterre. François Ier était désormais sans alliés. Au congrès de Bologne, 1529-1530, Charles Quint accorde plusieurs concessions à Clément VII : Francesco II Sforza, allié du pontife, est de nouveau investi du duché de Milan jusqu'à sa mort, qui arrive en 1535, comme il n'a aucun enfant, le duché de Milan revient à Charles Quint. L'ordre catholique des Chevaliers Hospitaliers se voit confier le gouvernement de l'île de Malte, qu'il possède toujours de nos jours. En échange des concessions reçues, le pape Clément VII couronne Charles Quint roi d'Italie avec la couronne de fer et comme empereur du Saint Empire romain germanique avec la couronne d'or à Bologne. En dix ans, Charles Quint avait réussi à restaurer le pouvoir du Saint Empire romain germanique à sa grandeur médiévale. À partir de 1535,

François Ier relance les hostilités par l'invasion du duché de Savoie, allié de Charles Quint, avec l'intention de continuer vers Milan., cette guerre n'apporte rien de concret et se terminé par la signature de la trêve de Nice en raison de la lassitude des deux prétendants en 1538. La quatrième et dernière guerre entre les deux souverains, entre 1542-1544, a pris fin en raison de la reprise du conflit protestant dans le Saint Empire et l'épuisement des forces et l'inconstance de l'aide impériale malgré l'invasion anglaise depuis Calais. Les deux monarques signent la paix de Crépy, par laquelle Charles Quint perd des territoires dans le nord de la France, en échange d'un renoncement à l'Italie et aux Pays-Bas.

L'alliance avec le Portugal

Peut-on considérer que Charles Quint, comme le souverain le plus puissant d'Europe ? On pourrait le penser lorsqu'on voit une carte avec l'immensité des territoires sur lesquelles règne Charles Quint. À s'en tenir aux différentes monarchies, seigneuries, comtés sur lesquelles s'exerce l'autorité de Charles Quint l'ensemble est immense, mais discontinu sans continuité territoriale, avec différents peuples, langues, niveau de développement ou encore de statut juridique. Cette accumulation de possessions entre les mains d'un même souverain est l'aboutissement d'une habile politique matrimoniale menée par l'empereur Maximilien Ier. L'Empire de Charles Quint repose sur un quadruple héritage. À la mort de son père Philippe le Beau, Charles Quint est entré en possession des Pays-Bas, puis des différents Royaumes d'Espagne, en 1516, et enfin, en 1519, à la suite d'une élection disputée, de la couronne impériale du Saint Empire romain germanique. Mais la politique matrimoniale mise en place par les Rois Catholiques à une incidence sur Charles Quint, dont il poursuivra l'œuvre, ainsi que son fils Philippe II. En effet, les Trastamare et les Aviz cherchent chacun à reformer l'unité de l'ensemble de la péninsule ibérique chacun à son profit. Pour reconstituer la péninsule ibérique dans son intégralité, comme durant l'Empire romain, les deux monarchies mettent en place des unions matrimoniales : Duarte Ier, roi de Portugal épouse Aliénor d'Aragon, Afonso V à eu comme femme Jeanne de Castille ou encore Manuel Ier épousera successivement Isabel et Maria d'Aragon, filles des Rois Catholiques, et Éléonore de Habsbourg, sœur de Charles Quint. Du côté castillan, Henrique IV épouse Dona Joana de Portugal, fille de Duarte Ier, Isabel de Portugal sera la reine de Juan II.

La politique matrimoniale mise en place entre les deux monarchies vise aussi bien à s'emparer du royaume de son voisin par la voie pacifique, mais ces unions ont également un caractère politique. À partir de 1479 et à la fin de la guerre de succession de Castille, les deux monarchies entrent dans une phase de paix et d'alliance qui se renforce sous Manuel Ier et João III. Grâce aux conquêtes de Vasco da Gama et d'Afonso d'Albuquerque, le Portugal s'est constitué un immense empire maritime, à l'instar de l'Empire espagnol qui est majoritairement terrestre. Dès 1505, Dom Francisco de Almeida demande au roi de Portugal de prendre le titre d'empereur des Indes pour imposer sa domination à tous les peuples et souverains de cette partie du monde afin de démontrer la puissance du Portugal. Au moment de la mort de Maximilien Ier, le 12 janvier 1519, la cour portugaise caresse le rêve de faire élire Manuel Ier à la tête du Saint Empire qui viendrait s'ajouter aux possessions déjà étendues et dispersées à travers le monde. Le souverain portugais possède déjà une titulature impressionnante : Roi de Portugal et des Algraves, seigneur de la conquête et de la navigation et du commerce de l'Éthiopie, d'Arabie, de Perse et de l'Inde. On peut finalement déceler de curieux témoignages, quoiqu'indirects, sur l'ambition de Manuel Ier sur le titre impérial dans les lignes d'une poésie de Francisco Sá da Miranda, offert à João III, fils de Manuel Ier, où il le nomme « roi de plusieurs rois ». Manuel Ier hésite cependant à prendre le titre d'empereur, aussi bien d'Inde que d'Occident, à cause de sa signification et des implications. L'idée que la terre est sauvée de l'antéchrist grâce à l'unité de l'Empire romain, fiction entretenue par l'Empire byzantin jusqu'en 1453, se trouve confirmée par une prophétie. Elle se base sur la vision du prophète Daniel que cinq empires se succéderont sur terre avant qu'elle ne soit submergée par le royaume des cieux.

On trouve, l'Empire assyrien, l'Empire perse, fondé par Cyrus II le Grand, l'Empire d'Alexandre le Grand et enfin l'Empire romain, fondé par Auguste. De plus les prophéties concernant *O Quinto Imperio*, qui motiveront, en partie, la future expédition de Sébastien Ier, viendront se greffer au mythe du Sébastianisme. Dès le règne de Manuel Ier et plus encore sous Sébastien Ier, la noblesse lusitanienne et les milieux intellectuels voient dans l'Empire portugais la présence de ce cinquième Empire. Pourtant, le Portugal n'est pas le seul à revendiquer la continuité de l'Empire romain, le Saint Empire se veut l'héritier et le continuateur de l'Empire romain et byzantin, tout comme l'Empire ottoman qui, en conquérant Constantinople, se revendique l'héritier de Constantin XI, le dernier empereur byzantin. Cette croyance conçue et popularisée par le Père Antonio Vieira, philosophe, écrivain et Portugais de la Compagnie de Jésus, en conformité et en similitude avec l'idée de la Cinquième Monarchie développée par l'historien Dom João de Castro, petit-fils du vice-roi des Indes Dom João de Castro, exilé du fait de son soutien envers Dom Antonio lors de la crise de succession de 1580, peut consacrer une grande partie de son travail à divers sujets dont le cinquième Empire, dont il fut un précurseur. Il semble que Dom João de Castro reprend l'idée de la survivance de Sébastien Ier, après sa disparition sans aucune trace, le 4 août 1578, dans le désert du Maroc, afin de discréditer Philippe II, tout en s'opposant à ses droits qu'il prétend détenir sur le trône de Portugal, le second thème doit permettre d'encourager les Portugais en général de se soulever contre le roi d'Espagne. Les actions de Dom João de Castro doivent servir de base de ralliement pour soutenir les prétentions de Dom Antonio qui se trouve exilé en Angleterre. Antonio Vieira a donc créé le cinquième empire portugais basé sur les prophéties de Bandarra, concevant cette croyance, comme une proposition de monarchie catholique universelle pour le royaume de Portugal. Cette notion basée sur les Trovas de

Gonçalo Annes Bandarra, cordonnier et prophète messianique de Trancoso, rassemble dans ses écrits les rêves prophétiques qu'il a faits.

Cependant, le songe de Daniel n'est pas le premier prophète biblique de la tradition prophétique, puisque Jérémie peut être compris comme le lien initial d'une tradition prophétique que Bandarra a suivi. Antonio Vieira a donc créé le « Cinquième empire portugais » basé sur les prophéties de Bandarra, concevant cette croyance, de caractère politico-prophétique, comme une proposition de monarchie catholique universelle pour le royaume de Portugal, chose recherchée également dans l'Empire universel construit par Charles Quint. Avant Antonio Vieira, d'autres croyances ont utilisé les prophéties de Bandarra en faveur d'un projet universel pour le royaume de Portugal. Pour Dom João de Castro, le cinquième empire portugais pourrait être défini comme le corps du Christ, temporel et guerrier, qui, sous le commandement de Sébastien Ier, vaincrait les Maures et installerait un Empire catholique portugais sur le monde, chose déjà recherchée à la cour de Manuel Ier lors de l'élection impériale de 1519. Malgré les efforts et les suggestions, Manuel Ier retire rapidement sa candidature et décide d'apporter son soutien à Charles de Habsbourg. Soutien qui s'avéra décisif puisque Charles de Habsbourg, avec l'argent des banquiers Fugger et des couronnes espagnoles ainsi qu'avec le soutien de Manuel Ier, sera élu empereur sous le nom de Charles Quint. L'évolution du Portugal rappelle à bien des égards celle de l'Espagne, à laquelle elle sera liée à partir de 1580, jusqu'en 1640. Contrairement aux Castillans qui constituent leur empire seulement en 1492 avec Christophe Colomb dans le Nouveau Monde, les Portugais commencent à bâtir leur empire à partir du XVe siècle d'abord en Afrique avec la conquête de Ceuta, en 1415, puis les comptoirs en Afrique et en Inde.

En comparaison à l'Empire de Charles Quint, morcelé en une multitude de royaumes, le royaume de Portugal de Manuel Ier, puis à partir de 1521, de João III, fait preuve d'une unité territoriale. Pourtant, rien ne prédestine le royaume de Portugal à devenir, en un siècle, une des principales puissances mondiales, en comparaison du destin tracé de Charles Quint qui a hérité d'un patrimoine important, même si d'immenses conquêtes sont faites durant son règne et par lui-même venant ainsi renforcer le nombre de territoires sous son contrôle. Le Portugal par la force des découvertes et des armes se bâti un immense empire grâces à des personnalités comme Dom Henrique le Navigateur, fils de João Ier, qui entreprend dès le XVe siècle l'exploration des côtes africaines, ou Vasco de Gama qui, en 1498, double le cap de Bonne-Espérance, Pedro Alvares Cabral qui découvre le Brésil pour le compte de Manuel Ier. Enfin, le conquistador Afonso Albuquerque s'empare des villes de Goa, Ormuz constituant l'Empire portugais des Indes. Après le règne glorieux et conquérant de Manuel Ier, son fils et successeur João III a eu un long règne de 36 ans, de 1521 à 1557, instaurant une politique extérieure relativement pacifique, bien que les Français attaquent de plus en plus ses navires et ses possessions atlantiques. João III concentre ses ressources à la consolidation de son empire, se désintéressant peu à peu à l'Europe, sans négliger pour autant son alliance avec Charles Quint. L'expansion et la richesse du Portugal le font respecter par tous les souverains d'Europe, au point que les différentes puissances européennes recherchent l'alliance lusitanienne afin de faire basculer l'équilibre des forces. Le roi de France, prisonnier, demandera d'ailleurs au roi de Portugal d'intercéder en sa faveur pour sa libération.

Au moment où commence la sixième guerre d'Italie (1521-1527), le royaume de Portugal est alors l'un des États les plus riches du monde et le plus étendus avec son immense empire. Comme le rappelle Luis de Camões dans les Lusiades, João III prend grand soin de ne pas s'écarter de la politique internationale mise en place par ses prédécesseurs. Comme eux, il entretient son amitié avec l'Espagne pour garantir l'alliance et poursuivre la politique d'union des couronnes ibériques que le Portugal rêve de concrétiser à son profit. À l'initiative de la politique matrimoniale mise en place par son père, João III est destiné à épouser l'infante d'Espagne Dona Catarina de

Austria, sœur de Charles Quint, avec notamment comme clause l'alliance avec Charles Quint contre le royaume de France. João III envoi comme ambassadeur, traité les clauses, Pero Correa, seigneur de Bellas et le docteur João de Faria qui parviennent à trouver un accord le 6 juin, ratifié par Francisco de Los Cobos, secrétaire du conseil des Indes et de la chambre de Castille. Mais un désaccord, entre les représentants de João III et ceux de Charles Quint, fait échouer les premières négociations. Des Espagnols sont retenus prisonniers au Cap-Vert, qui seront transférés à Lisbonne, en 1523-1524. Dans un souci de maintenir l'alliance espagnole, João III envoie son frère l'infant Dom Luis de Aviz, duc de Beja, négocier avec les représentants de Charles Quint. Le roi de Portugal réclame la souveraineté pleine et entière sur les Moluques et demande les richesses de la Victoria, en échange de quoi Dom Luis de Aviz libéra les prisonniers. La reprise des négociations, le 19 juillet 1524, prouve la volonté des deux souverains de vouloir s'allier mutuellement contre les ennemis communs à savoir : la France de François Ier et l'Empire ottoman de Soliman le Magnifique. Une alliance matrimoniale est conclue, avec comme conditions que le roi de Portugal obtienne du pape Clément VII une dispense, car Dona Catarina de Áustria est la cousine à un degré trop proche du roi de Portugal. Il est petit-fils d'Isabelle la Catholique et de Ferdinand d'Aragon par sa mère Maria d'Aragon et Dona Catarina est la petite fille des souverains catholiques par sa mère Jeanne de Castille.

Avec la conclusion et la ratification du mariage, les deux puissances de la péninsule ibérique s'entendent sur une alliance de protections et de défenses réciproques. Le Portugal s'engage à apporter son aide pour la défense des possessions espagnoles aussi bien en Afrique qu'en Amérique, toujours en respectant la limitation imposée par le traité de Tordesillas de 1494. La nouvelle reine de Portugal, partie de Valladolid, arrive au Portugal en 1525. Elle sera remise solennellement aux infants Dom Luis de Aviz, duc de Beja, qui l'accompagne depuis l'Espagne, et à Dom Fernando de Aviz, duc de

Trancoso et de Guarda, frère de João III, et à Dom Teodósio Ier, duc de Bragance. Avec ce mariage, on constate la volonté portugaise de resserrer les liens avec la couronne espagnole. Malgré l'alliance proclamée, les deux cours rivalisent de splendeurs pour impressionner le camp d'en face avec un déploiement de vêtements brodé d'or et d'argent et de somptueuses bannières. Les témoignages rapportés et les sources de l'époque s'accordent à dire que les deux jeunes souverains sont « tombés amoureux à leur rencontre ». La nouvelle Reine est acclamée par les peuples des villes et des campagnes qui accourent en foule, pour voir passer leur nouvelle reine, jusqu'à l'arrivée à Lisbonne, où l'on retrouve les mêmes signes de joies et d'affections pour les souverains. João III tiendra à Dona Catarina de Áustria, pendant 32 ans de mariage, une grande estime et un profond respect pour celle qui fut l'une des plus grandes reines de Portugal. La nouvelle reine accomplit rapidement son devoir en donnant, dès 1526, naissance à l'infant Dom Afonso de Aviz, mort prématurée, à deux mois. Cette naissance malheureuse sera suivie par huit autres : Dona Maria Manuella de Portugal, reine d'Espagne, Dom João Manuel de Portugal, père de Sébastien Ier[44].

Malgré son alliance avec Charles Quint, João III réussit à maintenir des relations amicales avec les autres puissances d'Europe assurant au Portugal une tranquillité intérieure, sans guerre sur son territoire, tout en gardant une certaine neutralité dans les guerres menées entre Charles Quint et François Ier. João III aime sincèrement la paix : il lui arrive plus d'une fois de répéter que « le gain d'une victoire n'efface jamais les pertes causées par la guerre ». Mais cette neutralité prend fin à cause des actions menées par François Ier, malgré ses promesses d'alliance et d'amitié, poursuit ses attaques contre les navires portugais et aux possessions portugaises en Inde et au Brésil. Les conséquences des offensives des corsaires français sont doubles, à savoir le renforcement des armadas portugaises augmentant ainsi les

---

[44] Hermann Jacqueline, *no reino do desejado:a construcão do sebastianismo em Portugal, séculos XVI e XVII*, São Paulo, Companhia das letras, 1998. p. 74-76.

coûts des attaques françaises en termes d'argent et d'hommes, mais également, João III décide de mettre ses immenses ressources financières au service de son allié Charles Quint en constance besoin d'argent. En effet, les ressources dont dispose la monarchie portugaise proviennent de son empire et forment une sorte de complément de l'Empire espagnol qui tire ses ressources des mines d'or et d'argent, pendant que le Portugal tire son énorme richesse de son commerce d'épices, de tissus et de bois. Le trafic avec l'Inde et l'Extrême-Orient, où le fabuleux marché chinois a été découvert par les explorateurs portugais, est en plein essor et absorbe de grandes quantités d'argent. Les dépenses auxquelles doit faire face la monarchie portugaise sont également énormes. Bien que nous n'ayons pas tous les chiffres des dépenses, nous connaissons le montant de quelques frais de João III, entre 1522 et 1543 : 800 000 cruzados pour renforcer les armadas afin de faire face aux attaques des pirates français et hollandais ; 350 000 cruzados payés à l'Espagne pour les Moluques. Par comparaison, le commerce des épices atteignait un million de cruzados, autant que les revenus de l'Église.

Pour renforcer la domination portugaise en Inde et ainsi pallier le déclin de l'Afrique du Nord et continuer la lutte contre les pirates français. João III décide d'envoyer en 1524, comme vice-roi, un homme qui connaît bien la région : Vasco da Gama. Son expérience permettra de développer le commerce et ainsi compenser les pertes et le déclin subit en Afrique. Le grand navigateur part à la tête d'une armada de quatorze navires et cinq caravelles, accompagné de 3 000 soldats ainsi que deux de ses fils, Estevan et Paulo Gama. Mais le navigateur meurt peu après son arrivée à Cochin. Dom Henrique de Meneses est désigné successeur, il fait briller la puissance et la gloire du Portugal en Inde en obtenant un succès auprès du roi de Calicut, contraignant à l'obéissance Cannanor et Ormuz comme vassaux du Portugal. Les nouveaux alliés offrent de riches présents et leurs alliances face aux Ottomans, choses indispensables pour empêcher Soliman le Magnifique de concentrer l'entièreté de ses forces en

Europe. Avec l'action de Dom Henrique de Meneses, gouverneur des Indes, João III, en accord avec l'alliance passée avec Charles Quint, peut à présent joindre ses forces avec celle de l'empereur d'Éthiopie, David II, permettant de combattre les Infidèles en Afrique et en Asie pendant que l'Empereur combat les hérétiques dans le Saint Empire et affronte, en Italie, François Ier, allié de Soliman le Magnifique que João III combat dans l'océan Indien. Le fait que le Portugal et l'Espagne soient attaqués en même temps n'est pas une coïncidence, puisque François Ier, pour répondre à l'alliance des deux géants ibériques, s'est lui-même allié à l'Empire ottoman. On est en droit de se demander si François Ier et Soliman le Magnifique ne se sont pas entendus dans une attaque conjointe contre le Portugal en Indes et Charles Quint en Italie afin de séparer et affaiblir les deux puissances ibériques. Comme en Italie, la guerre tourne à l'avantage des Portugais, Dom Henrique de Meneses envoie son frère Dom Luis avec une armada de neuf vaisseaux dans la mer Rouge pour attaquer les Ottomans, ravageant au passage les côtes d'Arabie, détruit quelques bateaux et bombarde la ville d'Aden.

L'attaque du Portugal, sur les possessions de l'Empire ottoman, convainc Soliman le Magnifique de la nécessité d'une extension maritime. Selman Reis, amiral et corsaire ottoman, principalement actif contre les Portugais, fait un rapport sur la situation dans l'Océan Indien. Il suggère d'envahir l'Éthiopie, protégé par le Portugal, le Yémen et la côte Swahili, mais pour réussir les invasions, il préconise l'expulsion des Portugais d'Ormuz, de Goa et de Malacca. La motivation du sultan est également financière, puisque le Portugal a le monopole du commerce de l'Inde en Europe, Soliman le Magnifique veut briser l'avantage d'où João III tire sa grande richesse et ainsi affaiblir ses deux grands rivaux. En 1525, après la défaite française en Italie, Charles Quint charge le seigneur de La Chaux de se rendre auprès de João III pour demander officiellement la main de Dona Isabelle de Portugal, sœur du souverain Aviz, et de négocier toutes les conditions pour conclure une nouvelle alliance matrimoniale[45]. Une fois l'accord signé l'ambassadeur impérial a pour mission d'épouser par procuration la princesse portugaise en glissant une jambe dévêtue dans le lit conjugal pour que l'union soit consommée, de façon théorique, pour éviter toute rétractation de part et d'autre. Comme on peut le constater, Charles Quint et João III poursuivent la politique d'alliance matrimoniale mise en place par les Rois Catholiques et par les rois de Portugal. João III, Isabel de Portugal, les Infants ainsi que toute la cour se rendent à Alméria, où Dom Fernando de Meneses Coutinho e Vasconcelos, évêque de Lamego et archevêque de Lisbonne, célèbre les fiançailles.

Pour fêter le mariage de sa sœur, João III organise de somptueux divertissements avec des bals, où toute la famille royale danse, ainsi que des spectacles de grande qualité. Le luxe déployé doit montrer toute la richesse et la puissance dont disposent les Aviz et ainsi éblouir les ambassadeurs impériaux. Les réjouissances terminées, il est temps pour la future impératrice de prendre la route. Isabel de Portugal quitte son royaume, en direction de l'Espagne, accompagnée des personnalités les plus importantes du Portugal : Dom Luis de Aviz, duc de Beja, Dom Fernando de Aviz, duc de Trancoso et de Guarda, Dom Jaime Ier, duc de Bragance, son fils Dom Teodósio de Bragance, Dom Pedro de Meneses, marquis de Vila Real, ainsi que plusieurs seigneurs. Sous le règne de João III, le Portugal est dirigé par une sorte de triumvirat, les trois frères João III, Dom Fernando de Aviz, duc de Trancoso et de Guarda, et Dom Luis de Aviz, duc de Beja, effectuent une excellente administration et des réformes au niveau religion en incluant l'Inquisition, en 1536, et au niveau de l'art et des lettres, en protégeant des artistes tels André de Resende, João de Barros ou Damião de Gois. Ce mode de gouvernement est inédit, puisque les trois frères se consultent avant toute décision. Le roi de Portugal donne comme mission à Dom Luis de Aviz, le plus influent et le plus écouté, de resserrer les liens avec l'Empereur. L'idée développée par le monarque Aviz est avant tout de convaincre, par l'intermédiaire de

[45] De La Clede, *Histoire générale*, op. cit. p. 668.

Charles Quint, Dom Luis de Aviz de la folie de se lancer dans la reconquête des places perdues en Afrique, projet mit en place et exécuté par Sébastien Ier. L'autre objectif de l'ambassade portugaise est d'obtenir l'aide de l'Empereur dans une éventuelle reconquête du Maroc, en échange d'une aide en Italie. Arrivés à la frontière, les Portugais et les Espagnols forment chacun un demi-cercle où « un profond silence règne de part et d'autre ». Les ducs de Calabre et de Bejar avec l'archevêque de Tolède s'avancent en direction de la princesse. Les secrétaires impériaux lisent les lettres par lesquelles Charles Quint leur donne le pouvoir de la recevoir et de l'escorter en Castille. Dom Luis de Aviz s'empare des rênes et s'adresse au duc de Calabre : « Je remets à Votre Excellence l'impératrice ma maîtresse et sœur, au nom du Roi de Portugal, mon maître et frère ». Isabel de Portugal, contrairement au protocole, enlaça tendrement ses frères avec une vive émotion, sachant qu'elle ne les reverra sans doute jamais. La délégation portugaise retourne à Almeria faire part de l'échange à João III. Seul le marquis de Vila Real suit l'impératrice jusqu'à Séville.

La princesse Aviz fait forte impression à son arrivée, on parle d'elle en des termes très élogieux. Dès sa jeunesse, Isabel de Portugal est destinée à épouser Charles Quint[46]. Son père Manuel Ier dans son testament, en 1521, recommande à son fils et successeur João III, de conclure le mariage destiné à conserver et renforcer le lien des deux monarchies. La représentation la plus célèbre d'Isabel de Portugal est le portrait réalisé par Titien, en 1548, qui montre sa très grande beauté. Son entrée en Castille fut remarquée par son physique, mais aussi par sa belle apparence, digne de la splendeur de l'Empire portugais. L'impératrice, à son arrivée à Séville, le 4 mars 1526, aborde des habits brodés d'or et d'argent accompagnés de bijoux. Elle grandit avec le goût, hérité de son père qui affectionnait les objets de luxe. La garde-robe de l'impératrice comprend des chemises à la mode orientale, dite moresque, provenant de la propre garde-robe de

[46] Francisco Bermudez de Pedrazo, *Historia exlesiastica : principas y progresas de la Cuidad,* Grenade, 1638. p. 212.

Manuel Ier, qu'elle conservera jusqu'à la fin de sa vie, mais, avant de rencontrée l'Empereur, l'impératrice commence à renouveler ses vêtements en adoptant notamment la mode flamande. Mais elle conserve néanmoins un caractère et un style portugais.

Le 10 mars 1526, Charles Quint quitte Tolède pour se rendre à Séville, rejoindre son épouse, accompagné du cardinal de Salviati, de Don Fadrique Alvarez de Tolède y Enriquez, duc d'Albe, de Don Alvaro de Zuniga, duc de Bejar, de Dom Diego de Tolède, et des marquis de Moya et de Villa-Franca. Le légat pontifical délivre également les dispenses nécessaires pour l'union entre les deux cousins, autorisée par Clément VII. L'Empereur arrive à Séville à cinq heures de l'après-midi, tandis que Isabel de Portugal, accompagnée de Dona Ana d'Aragon, duchesse de Medina Sidonia, et de la marquise de Zenette, se rend à l'Alcazar pour rencontrer Charles Quint. La princesse lui fait une longue révérence et s'agenouille, l'Empereur relève son impératrice, tout en admirant sa grande beauté, ses traits fins et délicats, ses yeux noisette, ses lèvres qui abordent un sourire et ses longs cheveux blonds. Comme le confirme les témoins et les sources contemporaines, l'Empereur tombe rapidement amoureux d'Isabel de Portugal et lui restera fidèle jusqu'à la mort de l'impératrice, en 1539. Elle a revêtu ses plus beaux atours à savoir une robe de satin blanc parsemé de cent perles, sa coiffe en plume de cygne. La cérémonie se déroule à minuit, avec la bénédiction du cardinal Salviati. Une heure plus tard, le mariage est consommé. Après avoir informé João III de la joie éprouvée d'avoir épousé l'infante, Charles Quint écrit à sa tante l'archiduchesse Marguerite d'Autriche, gouvernante des Pays-Bas, pour l'informer de la conclusion du mariage et de l'alliance avec le Portugal. Le jeune couple passe sa lune de miel en Andalousie, dans les palais des anciens émirs de Cordoue. Les fêtes qui se succèdent sont somptueuses avec des danses raffinées. Mais, rapidement les réjouissances sont stoppées sur ordres de l'Empereur qui vient de recevoir une nouvelle qui le plonge dans la plus grande tristesse. Un messager vient de l'informer de la mort, à

24 ans, de sa sœur Isabelle d'Autriche, reine de Danemark, décédée en Flandre, le 19 janvier 1526. Une autre nouvelle vient assombrir cet événement qui devait être heureux. Antonio de Acuña, évêque de Zamora, qui a conduit la révolte des *comuneros*, est retrouvé mort dans le château de Simancas, où Charles Quint l'avait condamné à l'enfermement. L'évêque est retrouvé étranglé, sans le consentement de l'Empereur, car la condition d'homme d'Église place le souverain Habsbourg dans une condition embarrassante. Depuis Pavie, Charles Quint est en recherche constante de l'amitié et de l'alliance du pape, cette mort risque de refroidir un peu plus les relations déjà délicates. Dans sa politique anti-Habsbourg, Clément VII excommunie Charles Quint afin de faire pression et le forcer à évacuer les places conquises. Dans la droite ligne de son pontificat et par son caractère instable, le souverain pontife se rétractera un moins plus tard.

Un mois plus tard, le deuil d'Isabelle d'Autriche prend fin pour laisser place à nouveau aux réjouissances où les jeunes mariés reçoivent leurs cadeaux de mariage, venus des différentes puissances et princes d'Europe. Les fêtes qui reprennent à Séville sont encore plus importantes, puisqu'on célèbre également une autre union. Dans un souci de stabilisation politique, Charles Quint a remarié Germaine de Foix, ancienne reine d'Aragon, avec le duc de Calabre l'éloignant de la cour et de la politique castillane. Comme cadeau de mariage, Charles Quint accorde aux mariés le titre de vice-roi de Valence. Cette union présente des intérêts économiques, politiques, financiers et dynastiques aussi bien pour le Portugal que pour l'Espagne. L'alliance entre Charles Quint et João III prend place conjointement en Afrique du Nord, en 1535. L'Empereur a consacré les derniers mois de 1534 à s'assurer, en plus du Portugal, le concours de la papauté, des chevaliers de Malte et des seigneurs de Monaco.

À la fin de 1534, la Méditerranée occidentale est menacée par la flotte de l'amiral ottoman Barberousse, qui force les villes côtières a amélioré leurs défenses et des villes entières ont été abandonnées, évitant ainsi les razzias et les pillages. De nouvelles chaînes ont été construites pour bloquer l'entrée des ports et plus de tours de guet afin d'augmenter la vigilance des côtes. Le royaume de Naples, sous l'autorité de Charles Quint, avait déjà subi une attaque ottomane et même Venise sent l'ombre ottomane menacée son empire maritime et décide la fabrication de nouveaux navires. Cependant, Venise ne se lancera pas dans une attaque, craignant de rompre une paix qu'elle avait signée trente ans plus tôt avec le sultan Bayezid II.

En 1534, Barberousse s'empare de Tunis, déposant le gouverneur, vassal de l'Espagne. Charles Quint décide de convoquer les Cortès de Castille afin d'obtenir des subventions afin de lancer une attaque pour récupérer la Tunisie, tout en demandant l'aide d'autres princes. Les armadas castillanes et néerlandaises se sont réunies pour l'opération. Pendant un an, les armadas conjointes espagnoles et portugaises sont concentrées à Barcelone rassemblant des soldats et de nombreux nobles espagnols : Don Fernando Álvarez de Toledo y Pimentel, duc d'Albe, le duc de Nájera, Antonio Alonso Pimentel y Herrera de Velasco, duc de Benavente, le marquis d'Aguilar de Campoo, le comte de Niebla, Luis de Ávila, Fadrique de Toledo, commandant d'Alcántara et Fadrique de Acuña. Au cours de l'hiver 1534-1535, Charles Quint commence à réquisitionner des hommes et des navires de tout l'Empire espagnol : d'Anvers naviguaient des transports avec des protestants enchaînés destinés à ramer dans les galères, depuis le Saint Empire, d'Espagne et d'Italie, les troupes marchaient vers les points de rassemblement côtiers. Le grand amiral génois Andrea Doria rassembla sa flotte de galères également à Barcelone, tout comme Álvaro de Bazán el Viejo, amiral de Castille, quitta Malaga pour rejoindre les autres armadas avec quinze galères et 10 000 hommes. De même, les Chevaliers de Saint-Jean quittent Malte à bord de la Santa Ana. De son côté, le Portugal envoie 23 caravelles et une caraque et le pape Paul III finance le recrutement d'un détachement de soldats italien afin de renforcer l'armée. Les galions espagnols d'Amérique contribuent également pour « la cause sacrée de la guerre contre les Ottomans, Luther et autres ennemis de la foi », une somme en or dont la valeur s'élevait à 1 200 000 ducats. À Gênes et à Barcelone, les navires sont chargés de biscuits, d'eau, de poudre à canon, de chevaux, de canons et d'arquebuses. Charles Quint avait lui-même ordonné la construction d'une quadrirème, galère propulsée par quatre hommes sur chaque rame, avec un char richement décoré, un baldaquin en velours rouge et or et des drapeaux héraldiques flottant sur les mâts. À Gênes, Afonso de Ávalos, marquis delVasto, organise, sur ordre de Charles Quint, le rassemblement des troupes espagnoles et italiennes et aussi 8000 lansquenets. Le royaume de Portugal participe avec le grand galion *Botafogo* et vingt caravelles, commandées par l'infant Dom Luis de Aviz, duc de Beja. D'autre part, une autre flotte part de Gênes et parcourt la côte italienne vers le sud pour rassembler les navires du pape à Civitavecchia et aussi ceux de Naples, où le vice-roi Pedro Álvarez de Toledo, marquis de Villa franca, et les princes de Salerne et Bisignano, avaient préparé des galères armées à leurs frais et sept autres, aux frais de tout le royaume de Naples. Quelques jours plus tard, la flotte se rassembla à Palerme, sur la côte de Sicile, rencontrant la flotte venant de Barcelone à Cagliari, dans le sud de la Sardaigne, où Charles Quint passe en revue son armada, comptant 74 galères, 300 voiliers, 25 000 fantassins et 2 000 cavaliers. Le 14 juin, l'expédition quitte la Sardaigne[47].

L'armada de Charles Quint débarque entre Bizerte et les ruines de Carthage, après avoir capturé deux navires français qui ont averti Barberousse de l'attaque imminente des armées coalisées. L'armée a débarqué et assiégé la forteresse de La Goleta, clé de Tunis, garante de la protection du port de la ville. Le 4 juillet 1535, Charles Quint et Dom Luis de Aviz, appuyé par les navires de Andrea Doria, font tombés, après 28 jours de siège, la forteresse de La Goleta où se trouvait près de 300 canons dont la majorité proviennent de France et une quarantaine de galères et autres navires de tirant d'eau différent. Dans cette action, les capitaines Hernando de Vargas et Alonso

[47] Luis del Mármol Carvajal et Mika Ben Miled, *Histoire des derniers rois de Tunis*, Carthage, Cartaginoiseries, 2007.

Carrillo se sont distingués. Une fois La Goleta prise, l'armée se rend à Tunis avec à sa tête les *Tercio*, armée nouvellement créée et mise en ordre par l'ordonnance de 1534, formée par des vétérans des guerres d'Italie et de la bataille de Pavie, l'arrière-garde est composée de dix mille fantassins sous le commandement de Don Fernando Alvarez de Tolède, duc d'Albe. La marche a été difficile en raison de la chaleur et des attaques continues des troupes barbaresques de l'amiral Barberousse qui harcèlent sans cesse les troupes catholiques. Le 21 juillet 1535, Tunis tombe à son tour, après avoir subi une révolte des captifs de l'Alcazaba, environ 5000 chrétiens qui coopèrent avec les troupes impériales. Charles Quint et Dom Luis de Aviz entrent dans la ville à la tête des *Tercios*, tandis que Barberousse doit s'enfuir, évitant une capture signifiant son exhibition et sa mort. Charles Quint souhaite poursuivre l'opération et se rendre à Alger, base d'opérations des pirates barbaresques et lieu de pouvoir de Barberousse, mais compte tenu du danger de mauvais temps, le projet de l'Empereur ne fait pas l'unanimité parmi ses alliés, et le 17 août 1535, les différentes marines se dispersent. Charles Quint fait son entrée triomphale à Naples comme le conquérant de Tunis et le défenseur de la chrétienté. À La Goleta, quatre compagnies d'infanterie sont restées stationnées pour maintenir l'ordre et ainsi éviter le retour des Ottomans. Dans la ville voisine de Bona, quatre autres compagnies d'infanterie sous le commandement de Bernardino de Mendoza, capitaine général des galères de l'Espagne. Selon les chroniques, l'Empereur combat en personne sur la ligne de front, « avançant avec la lance à la main, prenant le même risque qu'un pauvre soldat ».

L'événement a été célébré à Venise avec des carnavals, à Malte avec des feux d'artifice et à Palma de Majorque avec une reconstitution de la défaite de Barberousse. Charles Quint est comparé aux grands héros ou conquérants de l'Antiquité à l'image de Hannibal, Jules César ou encore Alexandre le Grand. Depuis la Sicile, l'Empereur fait une remontée triomphale jusqu'à Rome. La victoire de Tunis est célébrée également en Espagne et au Portugal, où les deux armées, conjointes avec celle du pape, remportent une grande victoire sur les Ottomans et Barbaresques. Après les réceptions et les fêtes, la politique reprend ses droits. Charles Quint maria, selon un accord conclu avec le pape, en 1529, sa fille naturelle Marguerite d'Autriche, âgée de treize ans, avec Alexandre de Médicis, duc de Florence et de Penne. La défaite et la perte de Tunis ne stoppent pas les ambitions du roi de France et du sultan ottoman. En effet, l'alliance entre François Ier et Soliman le Magnifique ne fait aucun doute. Dès 1536, Jean de La Forest a conclu avec la Sublime Porte un traité d'amitié et de commerce, dont certaines clauses secrètes engagent les Ottomans à envahir le royaume de Naples par la mer et le reste de la Hongrie, conquise en partie en 1526 après la bataille de Mohács et la mort du roi Louis II de Jagellon, tandis que les Français doivent s'emparer du Milanais et la république de Gênes. Les deux attaques doivent ainsi affaiblir Charles Quint et le forcer à défendre plusieurs fronts en même temps.

La défense de la chrétienté

Baigné dès son enfance dans la haute culture chevaleresque de la maison de Bourgogne que Maximilien Ier avait faite sienne en épousant la jeune duchesse Marie de Bourgogne, Charles Quint avait même été imprégné par la profonde piété des Habsbourg par son précepteur, le futur pape Adrien VI, par sa tante Marguerite d'Autriche et par son grand-père Maximilien Ier qui lui inculque également l'esprit d'un chevalier plus que celui d'un prince moderne. Or cet idéal était chargé de valeurs profondément religieuses. Dans l'ensemble européen, le Saint Empire était avant la Réforme un territoire particulièrement pieux où l'Église tenait une place très importante aussi bien par ses possessions que pour son influence sur la vie. C'est précisément la ferveur de cette piété qui avait rendu scandaleuse aux yeux du frère Martin Luther la corruption de l'Église à son plus haut niveau, ainsi que la vente des indulgences. Aux alentours de 1500, la chrétienté occidentale est en pleine ébullition. Les conditions de vie s'améliorent, surtout dans les villes où les échanges commerciaux et l'artisanat favorisent l'émergence d'une bourgeoisie riche et relativement instruite. L'invention de l'imprimerie met la lecture à la portée du plus grand nombre et l'on prend goût à lire dans le texte et commenter les écrits évangéliques sur lesquels se fonde l'enseignement de la religion chrétienne. Aussi le geste de Luther a-t-il immédiatement un profond retentissement.

Martin Luther[48], né en 1483, s'est très tôt interrogé sur les moyens d'accéder à la vie éternelle. Il poursuit d'abord des études de philosophie, avant d'entrer, en 1505, dans l'ordre des Augustins. Ordonné prêtre en 1507, il étudie ensuite la théologie à la nouvelle université de Wittenberg où il est nommé à l'enseignement biblique. Sous l'influence des humanistes, il prône une étude directe de la Bible. Ses commentaires trouvent un prolongement dans les prêches qu'il fait dans l'église de la ville. Ses réflexions l'ont conduit à dénoncer la hiérarchie catholique de son temps, dédaigneuse du message de l'Évangile. Le premier des scandales que dénonce Luther dans ses 95 thèses est l'abus de la vente des indulgences décrétée par Léon X. Il s'agit des aumônes que le clergé récolte contre la promesse d'un allègement des peines qui attendent les pécheurs au Purgatoire, antichambre du Paradis. Les 95 thèses affichées[49] à Wittenberg ont un profond retentissement dans le Saint Empire, notamment par la diffusion rapide grâce à l'imprimerie. Cependant, le Saint-Siège et les princes allemands tardent à les condamner, permettant le ralliement de plus en plus de partisans auprès de Luther et de ses idées. De son côté, Martin Luther ne tarde pas à entrer résolument en dissidence contre Rome qu'il présente comme la « rouge prostituée de Babylone ». Il dénie à l'Église le pouvoir d'effacer les peines dans l'au-delà et formule une doctrine de la grâce divine en rupture avec la pratique catholique. Considérant que les chrétiens n'ont pas besoin

---

[48] Lucien Febvre, *Martin Luther, un destin*, PUF, 2008, coll. « Quadrige » [1re édition : 1928].

[49] Propositions rédigées par Luther à l'origine de la Réforme protestante dans le Saint Empire romain germanique. Le document aurait été placardé à la porte de l'église à Wittenberg, le 31 octobre 1517. Si l'authenticité du document n'est pas contestée, la réalité de l'événement lui-même fait l'objet de débats parmi les historiens.

d'intermédiation pour aimer Dieu, il condamne la fonction cléricale et la vie monastique. Des pasteurs mariés suffisent pour guider le peuple dans la lecture des Saintes Écritures. Les idées de Luther se répandent comme une traînée de poudre dans le Saint Empire et bientôt dans toute l'Europe. Les prêtres se marient, les moines et les religieuses abandonnent leur couvent… Le prédicateur prend les choses en main et organise la nouvelle confession. Luther est dénoncé pour hérésie et se voit convoqué à Rome auprès du pape.

Malgré tout le moine trouve un protecteur en la personne du prince-électeur Frédéric III, duc de Saxe, le procès pour hérésie qui devait se dérouler à Rome est reporté. Malgré les exigences et les ordres, Martin Luther refuse de se rétracter. Lors de la dispute de Leipzig, en 1519, il renie l'autorité du pape et des conciles pontificaux. La rupture à Rome est accomplie et l'Europe est prête à se briser en deux. L'année suivante, Luther publie le *Manifeste à la noblesse allemande, Captivité à Babylone et le Petit Traité de la liberté humaine* dans lesquels il expose son programme de Réforme. Pour ses textes et son refus de reconnaître l'autorité du Saint-Père, Martin Luther est excommunié et mis au ban de l'empire, en 1521, où il se retire au château de la Warburg, en Rhénanie-du-Nord–Westphalie, pour traduire la Bible et organiser la nouvelle Église. Avec sa mise au ban de l'empire, mesure de proscription à l'égard d'une personne lui retirant tout droit, Luther se retrouve en danger, car la mise au ban et ajouté à l'excommunication signifiant que n'importe qui peut le mettre à mort impunément.

La Réforme se répand dans les principautés voisines, façonnant une sorte d'unité allemande, que Charles Quint ne peut combattre, empêtré en Italie contre les offensives du roi de France contre le Milanais. Lors de la diète de Spire, en avril 1529, l'Empereur tente de reprendre les choses en main, mais il se heurte à six princes et quatorze villes qui protestent des décisions prises lors de l'édit de Worms. Charles Quint a promulgué, le 25 mai 1521, l'interdiction du luthéranisme, prononce la mise au ban de Martin Luther et de ses partisans, tout en interdisant la diffusion et la lecture de ses écrits, ainsi que de tout autre écrit suspect d'hérésie. La Diète d'Augsbourg de 1530, confirme la résistance des princes qui sont convertis au protestantisme et formation de la ligue de Smalkalde, en 1531, consacrant l'union militaire des princes allemands du Nord, dirigé par Philippe de Hesse, puis par Jean-Frédéric de Saxe. Bien que spontanément conservateur, et ne voulant pas qu'on se réclame du nom de luthérien, mais de celui de chrétien, Luther fait évoluer la nouvelle Église dans un sens qui l'éloigne de plus en plus des traditions romaines catholiques. Soucieux de mettre la religion chrétienne à la portée de tous, Martin Luther la dote d'outils pédagogiques destinés au peuple, il rédige *Le Petit Catéchisme,* en 1529, et, pour les pasteurs, *le Grand Catéchisme*, Luther instaure l'usage de la langue vernaculaire dans les offices religieux, en remplacement du latin, et met au point les chorals, des chants liturgiques simples à apprendre tant du point de vue des paroles que des mélodies. Il prononce la suppression des sacrements, sont conservés uniquement le baptême et l'eucharistie, bien que la pratique de la confession subsiste. Luther décide de la suppression des vœux monastiques et du célibat des prêtres, l'élection des pasteurs par des communautés locales. Concernant ses rapports avec les autres courants de la réforme protestante, Luther s'oppose à Ulrich Zwingli, avec qui la rupture est définitive au colloque de Marbourg, en 1529, mais finit par se réconcilier avec les Strasbourgeois ainsi que Bâle et Augsbourg, avec la concorde de Wittemberg. Bien que désapprouvant les moines qui s'étaient hâtés de quitter son propre couvent de Wittenberg, Luther, au terme d'une réflexion critique sur les vœux monastiques, affirme la sanctification de la vie conjugale et se marie lui-même, en 1525 avec une ancienne religieuse, Catherine de Bora. Le couple aura six enfants. Ce sera en 1534 que Martin Luther achèvera l'écriture de sa Bible. En 1544, le Royaume de Suède devient officiellement luthérien. En 1559, Élisabeth Ire instaure l'anglicanisme, mouvement initié, en 1534, par son père Henry VIII lorsqu'il se déclare chef suprême de l'Église d'Angleterre. La

Réforme qui débute par une crise religieuse devient crise sociale avec la guerre des paysans et crise politique dans la mesure où les princes allemands puis européens passent au luthéranisme.

L'idée que se fait Charles Quint de sa mission impériale, lutte contre les infidèles, Ottomans et Barbaresques, lutte contre les hérétiques, Luther et ses partisans, pour la défense et l'exaltation de la foi catholique, ne diffère guère de celle que le pape Léon III avait confiée des années auparavant à Charlemagne en faisant de l'empereur d'Occident le bras armé de l'Église. Par rapport à ses successeurs, Charles Quint devait faire face à la menace immédiate et concrète du sultan de l'Empire ottoman, son parfait homologue dans le monde oriental dominé par l'Islam. Soliman le Magnifique fait peser sur le Saint Empire une réelle menace, avec l'aide des pirates barbaresques qui pouvaient lancer des attaques sur les côtes ibériques et italiennes. La complexité et la difficulté de cette situation représentent l'immensité et la dispersion des territoires de Charles Quint. Sur le flanc oriental, le Saint Empire romain germanique est menacé par l'Empire ottoman, les côtes espagnoles et italiennes sont visées par les Barbaresques, alliés et vassaux du sultan ottoman. Par ailleurs, devant le risque imminent d'éclatement de la chrétienté par la Réforme ou son anéantissement par les serviteurs de Soliman le Magnifique, l'attitude du Saint-Siège ne correspond pas à ce que l'on pourrait penser des papes, durant le règne dc Charles Quint, particulièrement Clément VII et Paul III. Leur résistance fut passive, refuse de convoquer un concile général, puis se transforme activement avec la convocation du concile, mais avec un sens contraire aux vœux, pourtant réfléchi, de l'Empereur. Rappelons aussi que tous ces papes, sauf pour le bref pontificat, janvier 1522-septembre 1523, d'Adrien VI qui était flamand, tous font partie des plus puissantes familles italiennes souvent en conflit les unes avec les autres comme les Colonna, allié de Charles Quint, celle des Médicis, dirigeant également Florence et allié de François Ier, celle des Farnèse avec Paul III. En conséquence, les papes font souvent passer leurs propres intérêts avec ceux de la chrétienté, n'hésitant pas à faire alliance, plus ou moins secrètement, avec les ennemis de l'Empereur, la plus connue est celle, lourde de conséquences, de Clément VII avec François Ier, en 1526, lors de la ligue de Cognac.

De tous les conflits qui ont marqué le règne, l'ennemi que Charles Quint doit combattre d'une manière permanente fut, directement et indirectement, Soliman le Magnifique, sultan de l'Empire ottoman. De même que les deux autres principaux ennemis, François Ier et Luther, le sultan ouvre un conflit d'un bout à l'autre du règne avec une intensité évidemment variable selon les moments de disponibilité de Charles Quint, mais aussi et surtout du degré d'agressivité des autres protagonistes, Soliman le Magnifique, son amiral Barberousse et François Ier qui apporte son soutien. L'affrontement débute dès les premiers jours de son règne comme roi d'Espagne, en 1516, lorsque le pape Léon X créa une Sainte Ligue pour contrer la menace ottomane et invita l'empereur Maximilien Ier à s'y joindre ainsi que d'autres souverains de la chrétienté à commencer par le Portugal de Manuel Ier. On peut distinguer trois phases dans le conflit entre Charles Quint et Soliman le Magnifique : une première marquée par une relative indifférence de l'Empereur, très occupée par la France, devant la menace ottomane qui cesse après la victoire de Mohács, en août 1526, et la chute de Belgrade, lors des Cortès réunies à Valladolid, en 1527, une prise de conscience apparaît. La seconde phase, qui va de Mohács à la retraite de Soliman le Magnifique est dominée par un sentiment d'inquiétude permanent sur une attaque massive des ottomans sur l'Europe dans les années 1530-1532. L'issue victorieuse pour les Habsbourg du siège de Vienne, érigée en défense héroïque, suffit pour changer l'image des Ottomans invincible. Après cette victoire de l'Empereur qui, sans jamais affronter le sultan en personne, avait obligé les troupes ottomanes à se replier, une troisième phase débute, celle de la paix relative.

Avec la signature à Constantinople d'une paix avec Ferdinand de Habsbourg, frère de Charles Quint, en 1533, le problème hongrois était temporairement résolu, jusqu'en 1540, où Soliman le Magnifique s'empare de l'ensemble de la Hongrie. Le danger ottoman est non seulement une réalité politique, mais il mobilise également l'attention et la réflexion des penseurs de l'époque comme Juan Ginés de Sepúlveda, le cardinal et chancelier anglais Thomas Wolsey ou encore Luther. Charles Quint était perçu et salué comme un « nouveau Charlemagne » à qui revenait l'obligation multiséculaire de défendre l'intégralité de la chrétienté contre les ennemis de l'intérieur et de l'extérieur. Une différence essentielle doit soulignée par rapport aux autres conflits qui opposaient des chrétiens à d'autres chrétiens, celui contre l'Empire ottoman prend place dans la lutte traditionnelle de l'Occident durant une grande partie du Moyen Âge, et tout particulièrement dans la péninsule ibérique durant la *Reconquista*, entre 711 et 1492. Dès lors les actions, menées par les Castillans et les Aragonais, mais aussi les Portugais, en Afrique du Nord, apparaissent comme le prolongement de la *Reconquista*. En 1516, le prince Selim d'Alger demande l'aide du corsaire barbaresque Barberousse, pour se débarrasser de l'assujettissement de la Castille. Venu en tant qu'allié, mais après avoir attaqué Alger et expulsé les Espagnols de la ville, Barberousse fait tuer Selim et s'empare de la régence d'Alger qui sera la base opérationnelle des Barbaresques. Le cardinal Cisneros, régent de Castille dans le royaume, envoya une troupe de 8000 hommes sous le commandement de Diego de Vera pour reconquérir la ville, mais leur manque d'entraînement militaire fait échouer leur mission.

Le sultan ottoman Soliman le Magnifique a nié la primauté mondiale du titre d'empereur de Charles Quint voulant affirmer son propre titre en tant que souverain suprême de l'islam. Le problème des deux empereurs se chevauche avec la menace ottomane naissante. Le problème des deux empereurs est le terme historiographique pour la contradiction historique entre l'idée de l'empire universel qu'il n'y a jamais eu qu'un seul véritable empereur à un moment donné, et la vérité qu'il y avait souvent plusieurs personnes qui revendiquaient le titre ou les fonctions simultanément. Le terme est principalement utilisé en ce qui concerne l'histoire européenne médiévale et se réfère souvent en particulier au différend de longue date entre les empereurs byzantins à Constantinople et les empereurs romains germaniques dans le Saint Empire. Du point de vue des chrétiens médiévaux, l'Empire romain était indivisible et son empereur occupait une position quelque peu hégémonique même sur les chrétiens qui ne vivaient pas à l'intérieur des frontières formelles de l'empire. Depuis l'effondrement de l'Empire romain d'Occident, l'Empire byzantin avait été reconnu par lui-même, comme le continuateur et l'héritier, mais également par le pape et les divers nouveaux royaumes chrétiens à travers l'Europe. Cela a changé en 797 lorsque l'empereur Constantin VI a été déposé, aveuglé et remplacé comme dirigeant par sa mère, l'impératrice Irène, dont le règne n'a finalement pas été accepté en Europe occidentale. Plutôt que de reconnaître Irène, le pape Léon III proclama le roi des Francs connu sous le nom de Charlemagne comme empereur des Romains en 800 sous le concept de *translatio imperii*[50], transfert du pouvoir impérial. Bien que les deux empires aient finalement cédé et reconnu les dirigeants de l'autre comme empereurs, ils n'ont jamais explicitement reconnu l'autre comme « romain », les Byzantins se référant à l'empereur germanique comme « l'empereur des Francs » et les sources occidentales décrivant souvent l'empereur byzantin comme « l'empereur des Grecs ».

Après que l'Empire byzantin ait été momentanément renversé par les croisés catholiques lors de la quatrième croisade, en 1204, et supplanté par l'Empire latin, la dispute perdure. Bien que les empereurs latins aient reconnu les empereurs germaniques comme les empereurs romains légitimes, ils ont également revendiqué le titre pour eux-mêmes, qui n'a pas été reconnu par le Saint Empire romain germanique en retour. Le pape Innocent III a finalement accepté l'idée de *divisio imperii*, division de l'empire, dans laquelle l'hégémonie

[50] L'idée de *translatio imperii* est un concept né au Moyen Âge et décrivant l'histoire comme une succession linéaire entre détenteurs du pouvoir, d'un empire au suivant, de l'Orient à l'Occident.

impériale serait divisée en Occident, le Saint Empire, et Orient, l'Empire latin. Bien que l'Empire latin ait été détruit par l'Empire byzantin renaissant sous la dynastie Paléologue, en 1261, les Paléologues n'ont jamais atteint le pouvoir de l'Empire byzantin d'avant 1204 et ses empereurs ont ignoré le problème de deux empereurs en faveur de relations diplomatiques plus étroites avec l'Occident en raison d'un besoin d'aide contre les nombreux ennemis. Le problème des deux empereurs n'a refait surface qu'après la chute de Constantinople, en 1453, après quoi le sultan ottoman Mehmed II a revendiqué la dignité impériale de Kayser-iRûm, César de l'Empire romain, et a aspiré à revendiquer l'hégémonie universelle. Les Ottomans ont appelé les empereurs du Saint Empire romain germanique par le titre de roi pendant un siècle et demi, jusqu'à ce que le sultan Ahmed Ier reconnaisse officiellement l'empereur Rodolphe II comme empereur dans la paix de Zsitvatorok, signée en 1606, une acceptation mettant fin au différend entre Constantinople et l'Europe occidentale. En plus des Ottomans, le tsarat de Russie et l'Empire russe ultérieur ont également revendiqué l'héritage romain de l'Empire byzantin, ses dirigeants se titrant eux-mêmes tsar, dérivé de « césar » et plus tard imperator. Leur revendication du titre impérial a été rejetée par les empereurs du Saint Empire jusqu'en 1726, lorsque Charles VI l'a reconnu comme faisant partie de la négociation d'une alliance, bien qu'il ait refusé d'admettre que les deux monarques avaient un statut égal.

Dans l'affrontement entre Charles Quint et Soliman le Magnifique, le commencement est une série d'échecs pour l'Empereur. En 1521, les Ottomans s'emparent de Belgrade, tirant parti du déclin politique, économique et militaire de la Hongrie sous les règnes de Ladislas Jagellon (1490-1516) et de son fils Louis II (1516-1526), exigeant de ce dernier un tribut. Quand Louis II refuse de payer, les Ottomans marchent sur la Hongrie et s'emparent, en 1521 de Belgrade. Les Hongrois réussirent à éviter d'autres attaques. L'année suivante, ils prennent Rhodes, dernier vestige des conquêtes des croisés du Moyen

Âge et dont sont chassés les chevaliers de l'ordre de Saint-Jean de Jérusalem, auxquels en compensation, Charles Quint leur accorde la souveraineté de l'île de Malte, toujours sous l'autorité des chevaliers. La menace ottomane se fait sentir fortement en 1526, lorsque Soliman le Magnifique reprend son avancée conquérante en Hongrie. Ce dernier étant trop faible et mal préparé, les Ottomans s'emparent rapidement et facilement de Petervarad, en juillet 1526. Louis II de Jagellon rassemble en toute hâte une armée d'environ 20 000 hommes et part de Buda à la rencontre de Soliman le Magnifique. Sans attendre les renforts venus de Transylvanie et de Croatie, il attaqua à Mohács l'armée ottomane, qui compte plus de 100 000 hommes. L'armée hongroise fut anéantie et Louis II trouve la mort, alors qu'il prenait la fuite. Le sultan entra dans Buda le 10 septembre, mais quitte la Hongrie en emmenant plus de 100 000 prisonniers avec lui. Louis II de Jagellon, roi de Hongrie et de Bohême, est vaincu et tué à la bataille de Mohács « a envoyé une vague de terreur sur l'Europe ». Comme les deux trônes électifs de Louis II étaient vacants, Charles Quint persuade les nobles locaux d'élire son frère cadet Ferdinand de Habsbourg comme roi de Hongrie et de Bohême.

Le règne de Charles Quint sera constamment troublé par ces luttes contre un Empire ottoman alors au zénith avec Soliman le Magnifique. Ferdinand, le frère de Charles Quint, s'empresse de recueillir la succession de Louis II afin de consolider et d'augmenter la puissance des Habsbourg, mais un compétiteur, Jean Zápolya, prince de Transylvanie obtient l'aide de Soliman le Magnifique en échange de sa soumission, il peut obtenir la plus grande partie du pays. Un redressement partiel s'opère, en 1529, lorsque Soliman le Magnifique est stoppé sous les murs de Vienne. Le contrôle de la Bohême par les Habsbourg était crucial pour que Charles Quint conserve une majorité parmi les sept princes-électeurs, en particulier en période de contrastes politiques avec les luthériens. D'autre part, la position de Charles Quint et Ferdinand de Habsbourg en Hongrie était instable. Seule la partie nord du pays était sous le contrôle des Habsbourg ; la partie sud était occupée par l'Empire ottoman et, dans la partie centrale de l'ancien royaume de Louis II, la voïvodie de Transylvanie de Jean Zápolya émergeait comme un État tampon. Ainsi, la Hongrie a été un champ de bataille entre les Impériaux et les Ottomans pendant la majeure partie du règne de Charles Quint.

Les Ottomans poursuivent leur avancée bien décidée à porter un coup fatal à Charles Quint en assiégeant Vienne, en 1529, capital et cœur des possessions des Habsbourg, mais la ville, défendue par Philippe, duc de Palatinat-Neubourg et Nicolas, comte de Salm, résiste et stoppe leur avance. À la Diète d'Augsbourg en Allemagne, en 1530, l'avancée ottomane est débattue, mais des pourparlers religieux empêchent alors une contre-attaque immédiate et collective. Malgré cela, Charles Quint s'est avéré avoir la majorité des princes-électeurs de son côté puisqu'il parvient à faire élire, à Cologne, en 1531, son frère Ferdinand de Habsbourg comme roi des Romains, un titre conféré au futur successeur de l'empereur du Saint Empire romain germanique. À la Diète de Ratisbonne, en 1532, Charles Quint lève une armée impériale de 12 000 lansquenets, 10 000 Espagnols, 10 000 Italiens et 4 000 Néerlandais. Avec l'arrivée des forces protestantes et des troupes supplémentaires, l'armée impériale se compose finalement de 120 000 fantassins et 20 000 cavaliers. Charles Quint, partage le commandement de l'armée avec le duc Frédéric II, comte du Palatin, conduis les forces impériales à Vienne, renforçant les fortifications de la ville, puis traverse le Danube. Pendant ce temps, la marine impériale commandée par Andrea Doria s'empare des forteresses ottomanes de Coron et Patras en Grèce. Soliman le Magnifique est forcé de se retirer en direction de Constantinople. Pendant ce temps, Clément VII se rend à Marseille afin de signer un accord avec François Ier et célébrer le mariage de sa nièce Catherine de Médicis avec Henri de Valois, fils du roi et futur Henri II. Cependant, Clément VII meurt peu de temps après à la grande satisfaction de Charles Quint. Le Saint-Père est remplacé, en 1534, par le pape Paul III, qui choisit de rester neutre dans la rivalité entre Charles Quint et François Ier afin de faciliter une alliance catholique contre les Ottomans et les protestants : luthériens dans le Saint Empire et les calvinistes en France. Le redoutable amiral ottoman Barberousse et ses pirates barbaresques musulmans sont une des cibles de Charles Quint. Barberousse, agissant sous l'autorité générale et la supervision du sultan, dévastait régulièrement les côtes espagnoles, portugaises et italiennes, paralysant le commerce et affaiblissant les fondations du pouvoir des Habsbourg. Comme le dernier duc des Sforza meurt sans héritiers, en 1535, Charles Quint s'empare du duché de Milan et l'incorpore dans ses domaines. François Ier réagit, en 1536, en occupant le duché de Savoie, allié de Charles Quint, déclenchant une nouvelle phase des guerres d'Italie.

Pendant ce temps, l'Empereur lors d'une rencontre avec Paul III, qui a déclaré sa neutralité dans le conflit français impérial, a tenté sans succès de mettre les États pontificaux de son côté, pendant qu'une alliance franco-ottomane contre l'Empereur est entrée en vigueur. Charles Quint fait ainsi des ouvertures à l'Empire perse safavide pour ouvrir un second front contre les Ottomans, dans une tentative de créer une alliance Habsbourg-Perse afin de prendre Soliman le Magnifique à revers. Les contacts s'avèrent positifs, mais rendus difficiles par les distances. En effet, les Safavides sont entrés en conflit avec l'Empire ottoman dans la guerre ottomano-safavide, forçant Soliman le Magnifique[51] à diviser ses ressources militaires. Cependant, les Ottomans ont gagné les conflits contre la Perse et conservent leurs positions. En outre, une Sainte Ligue maritime sous le commandement de Andrea Doria, formée par les royaumes de Charles Quint et tous les États italiens, a ensuite été vaincue à la bataille de Préveza, en 1538. Ayant l'intention de combattre François Ier sur son territoire, Charles Quint mène une invasion militaire de la Provence, en 1536-1537, qui se solde par un échec total. Paul III offre sa médiation à l'Empereur et à François Ier, et les trois souverains se rencontrent, en 1538, au

[51] André Clot, *Soliman le Magnifique*, Paris, Fayard, 1992.

Cogress de Nice, où une trêve est convenue. Milan demeure sous le contrôle des Habsbourg et le duché de Savoie reste aux mains de Français.

Dans sa recherche d'allié contre l'Empire ottoman et Luther, Charles Quint se tourne en direction de la Pologne et des chevaliers teutoniques dont le grand maître, depuis le second traité de Thorn, en 1466, devait, après son élection, prêter hommage au roi de Pologne, suzerain de l'ordre pour ses possessions en Prusse Orientale. Tout comme son prédécesseur, le nouveau grand maître Albert de Brandebourg, élu en 1511, fils du Margrave de Brandebourg, l'un des sept électeurs du Saint Empire, refuse de prêter hommage au roi de Pologne, tout en répondant aux remontrances présentées par la Diète polonaise de 1518 qu'il tenait ses possessions de l'Empire et non de la Pologne. Le roi Sigismond Ier le Vieux se tourne en direction de Charles Quint qui invite le grand maître à prêter hommage afin que les princes chrétiens vivent en paix et puissent s'unir « contre les ennemis de la religion ». Le grand maître teutonique persiste dans son refus. Charles Quint, inquiet des progrès de la Réforme dans le Saint Empire et de l'avance ottomane en Europe, invite Albert de Brandebourg à s'entendre avec Sigismond Ier. S'estimant trahi par l'Empereur, le grand maître des chevaliers teutoniques change de politique et décide de rallier la Réforme de Luther, sécularisant les biens de l'ordre, prend une épouse et invite les chevaliers à faire de même. Le grand maître de l'ordre Teutonique décide de se rendre à Wittemberg, épicentre de la Réforme. Dans cet endroit, Martin Luther lui conseille de convertir la Prusse en duché héréditaire. Auparavant, cette question avait déjà été l'objet d'un débat entre les membres de sa famille. Pour Albert de Brandebourg, il était nécessaire d'agir avec prudence. Il informa le pape Adrien VI de son impatience à réformer l'ordre Teutonique et de punir les chevaliers convertis à la nouvelle doctrine. Pour sa part, Martin Luther ne s'arrêta pas aux conseils. Pour faciliter la conversion, il s'efforça de propager son enseignement parmi les Prussiens. Pendant ce temps, Georges Ier de Brandebourg, frère d'Albert Brandebourg, transmettait leur arrangement à leur oncle Sigismond Ier le Vieux. Avec un certain retard, le roi de Pologne approuve l'offre avec une condition : la Prusse devenait fief du royaume de Pologne. Le traité de Cracovie fut signé le 8 avril 1525. En contrepartie il accepta d'être vassal du roi de Pologne, allant prêter serment d'allégeance à Cracovie en 1525.

En bons stratèges qu'ils étaient, Charles Quint et Soliman le Magnifique évitent d'ouvrir deux fronts en même temps. L'Empereur avait en France, en Italie ou dans le Saint Empire des ennemis qui surveillent la moindre agression ou avancée ottomane qui détournerait le regard de l'Empereur et l'obligerait à détourner ses forces. De son côté, le sultan avait d'autres fronts plus ou moins actifs à l'est de son empire en direction de la Perse. Aussi à quelques exceptions, Soliman le Magnifique concentre ses efforts en Méditerranée quand il a des intérêts moindres en Europe centrale, ayant désormais atteint et mesuré les limites possibles d'expansion de son empire en direction de l'ouest. Quant à Charles Quint, dès qu'il trouve un peu de répit entre la guerre avec la France et la crise religieuse dans le Saint Empire, il le met à profit pour porter son effort en Méditerranée. Il apparaît ainsi que les efforts impériaux au centre de l'empire se situent essentiellement dans la première moitié du règne, tandis qu'en Méditerranée elle occupe surtout la seconde moitié.

À la suite des événements de la prise de Tunis et de l'attaque d'Alger, deux ambassadeurs français à Constantinople sont tués par les agents de Charles Quint en Italie. Une nouvelle guerre franco-impériale éclate ainsi en 1542. Après avoir adopté les nouvelles lois pour réformer le système de l'encomienda, considéré comme brutal par des personnalités telles que Bartolomé de Las Casas, donnant lieu à la célèbre controverse de Valladolid, entre Las Casas et Juan Ginés de Sepulveda. Cette controverse est un débat moral et théologique sur la conquête des Amériques, sa justification de la conversion au catholicisme, et plus particulièrement sur les relations entre les colons européens et les indigènes du Nouveau Monde. Charles Quint laisse également des instructions détaillées concernant le gouvernement de l'Espagne à son fils Don Philippe de Habsbourg, futur Philippe II, l'Empereur retourne, en 1543, dans le Saint Empire romain germanique et y resta jusqu'à la fin de son règne. Lors d'une réunion, Paul III et lui se mettent d'accord sur la ville de Trente, située à mi-chemin entre l'Italie et le Saint Empire, comme lieu du futur concile œcuménique. Dans le même temps, en alliance avec Henry VIII, roi d'Angleterre, Charles Quint décide d'envahir la France depuis l'empire en passant par les Pays-Bas, où le duc Guillaume de Clèves forge une alliance avec François Ier, décision également soutenue par les protestants. À la Diète de Spire, Charles Quint rassemble une armée impériale formée de catholiques, vétérans allemands, espagnols et italiens, tous sous le commandement de Ferrante Gonzaga, condottiere italien, et luthériens, sous la direction de Maurice de Saxe et du margrave de Brandebourg. L'alliance entre François Ier et Soliman le Magnifique se renforce, avec l'accueil de la flotte barbaresque de l'amiral Barberousse à Toulon, entre la fin de septembre 1543 à mai 1544. Le séjour des galères ottomanes démontre avec éclat l'intensité des relations entre François Ier et Soliman le Magnifique, tandis que 30 000 soldats, marins et rameurs ottomans s'établissent dans la ville de Toulon. Cette présence découle de la coopération militaire qui unit le roi et le sultan contre Charles Quint : durant l'été de 1543, des troupes françaises et ottomanes tentent de prendre Nice possession de Charles II, duc de Savoie, allié de Charles Quint et de João III, dont il a épousé une sœur. À court d'argent, Charles Quint et François Ier signent la trêve de Crépy-en-Laonnois, en 1544, qui inclut la fin de l'alliance franco-ottomane et confirme la paix précédente. Pendant ce temps, l'Empereur annexe Zutphen et Guelders aux territoires bourguignons. Cependant, la guerre avec les Ottomans a été compromise. Soliman le Magnifique est effectivement sorti victorieux de la lutte pour la Méditerranée et la Hongrie centrale. Pour se faire un peu de répit des énormes dépenses des guerres, Charles Quint est finalement contraint d'accepter une trêve en 1545. La paix permet à l'Empereur de concentrer ses énergies sur la situation religieuse dans le Saint Empire.

IV
Le crépuscule impérial

Durant toute sa vie, Charles Quint mène divers combats sur plusieurs fronts protégeant et administrant son immense et vaste empire. Derrière les luttes et les alliances, à partir de 1546, le monde change et se transforme. Le 18 février de la même année le grand ennemi de Charles Quint dans le Saint Empire, celui qui a bouleversé la vie religieuse, Martin Luther rend l'âme en Saxe. Il est suivi dans la tombe, le 4 juillet 1546, par Barberousse, grand amiral ottoman et commandant des Barbaresques, qui laisse son fils gouverner la régence d'Alger et assure la suprématie ottomane en Méditerranée jusqu'en 1571. Les plus proches personnages qui ont fait la politique européenne disparaissent eux aussi en 1547, laissant Charles Quint seul avec une nouvelle génération. Le roi d'Angleterre Henry VIII meurt, le 28 janvier 1547. Durant la fin de sa vie, le souverain Tudor est devenu obèse, avec un tour de taille de 140 cm, et doit être déplacé à l'aide de dispositifs mécaniques. Il était couvert de furoncles douloureux remplis de pus et souffrait peut-être de goutte. Son obésité et d'autres problèmes médicaux peuvent être attribués à l'accident de joute, en 1536, dans lequel il a subi une blessure à la jambe. L'accident a rouvert et aggravé une blessure qu'il avait subie des années plus tôt, au point que ses médecins ont eu du mal à la traiter, l'empêchant de maintenir le niveau d'activité physique qu'il avait pratiqué auparavant, ce qui a peut-être eu un effet dramatique sur sa personnalité et son tempérament.

L'obésité de Henry VIII précipite sa mort à l'âge de 55 ans, au palais de Whitehall. Chef suprême de l'Église d'Angleterre, le souverain Tudor soustrait son royaume de l'emprise de Rome, il tente également de soumettre sous une seule couronne les royaumes d'Angleterre et d'Écosse, soit par la force soit par le mariage entre son fils unique et la reine d'Écosse Marie Stuart, qui épousera finalement le futur roi de France François II, ont échoué, il a été reconnu plus pacifiquement comme roi d'Irlande, laissant les Irlandais choisir librement entre la religion catholique et l'anglicanisme[52]. Enfin, passionné de navigation, d'astronomie et de géographie, il a jeté les bases de la future expansion maritime anglaise. Son fils et successeur Edward VI, âgé de 10 ans, est trop jeune pour régner, la régence est donc confiée à son oncle Edward Seymour, duc de Somerset, jusqu'à son renversement, en 1549, par Sir John Dudley. Sous la régence du duc, l'archevêque de Canterbury, Thomas Cranmer aura les mains libres pour transformer l'Angleterre en pays protestant. En cette année charnière pour les destinées européennes, le rideau tombe aussi deux mois plus tard, le 31 mars 1547, sur le règne de François Ier. Le récit de ses dernières semaines de vie que fait dans ses Mémoires Martin du Bellay nous montre un homme souffrant de fortes fièvres et voyant dans la disparition de Henry VIII le signe de la sienne prochainement. Plus pensif et solitaire que à son accoutumé, François Ier se montre inquiet que Charles Quint ne décide de tourner ses armes contre lui. L'Empereur vient de vaincre Jean Frédéric de Saxe durant la guerre de Smalkalde où Maurice de Saxe se range du côté de Charles Quint durant la bataille de Muehlberg, le 24 avril 1547. Après sa défaite, Jean-Frédéric de Saxe est emprisonné et condamné à mort. Le second fils du roi lui succède, devenant le roi Henri II.

Pendant ce temps, la collaboration pontificale impériale prend fin. Le pape Paul III avait créé le duché de Parme et de Plaisance, territoires à la frontière sud du duché de Milan des Habsbourg, et investi son fils Pierluigi Farnèse. Le nouveau gouverneur impérial de

---

[52] Aimé Richardt, *Henri VIII*, Le Cerf, 2012.

Milan, Ferrante Gonzaga, n'appréciant pas la décision pontificale, ordonne l'assassinat de Pierluigi Farnèse et occupe Plaisance en 1547. Dans le même temps, Charles Quint voit disparaître une nouvelle personnalité majeure de son règne. Le neveu de Paul III, Ottavio Farnèse, qui était dans le Saint Empire combattre les protestants avec l'Empereur, retourne en Italie pour défendre le duché de Parme comme duc en titre. Le 2 décembre 1547, le grand conquistador et conquérant de l'Empire aztèque, Hernan Cortès meurt de la dysenterie, à l'âge de 62 ans. La situation reste tendue et Charles Quint, dont la santé décline, définit davantage la répartition future des territoires entre son fils Don Philippe de Habsbourg et son frère Ferdinand de Habsbourg. Lors de la convocation du concile de Trente par le nouveau pape, Jules III, en 1550, les luthériens sont, cette fois-ci, également représentés. Charles Quint établit la cour impériale à Innsbruck, en Autriche, suffisamment proche de Trente pour qu'il puisse suivre l'évolution des débats. Pendant ce temps, le nouveau roi de France Henri II établit une nouvelle alliance avec Soliman le Magnifique. La flotte ottomane a capturé Tripoli, sous le contrôle des Chevaliers de Malte, alliés de Charles Quint, tout en lançant simultanément l'invasion de la Corse, forçant l'amiral impérial Andrea Doria à concentrer ses forces navales pour la récupération de l'île, possession de la république de Gênes. Henri II est également intervenu dans une nouvelle guerre italienne entre le duché de Florence, allié de l'Empereur, et la République de Sienne, allié de Henri II, soutenant cette dernière et prolongeant la résistance de la République pendant un certain nombre d'années. Finalement, la république de Sienne est incorporée dans les territoires de Florence.

Par le traité de Chambord de 1552, les princes protestants appellent Henri II à envahir les trois évêchés, Metz, Verdun et Toul, tout en soutenant une seconde rébellion contre Charles Quint. Maurice de Saxe, qui a joué un rôle déterminant dans la victoire impériale dans le premier conflit, a changé de camp en faveur de la cause protestante. Avec une attaque surprenante, il marcha directement sur Innsbruck dans le but de capturer l'Empereur qui, contraint de fuir la ville, terrassée par une attaque de goutte et, transportée dans une litière, jusqu'à Villach dans un état de semi-conscience. Par la suite, l'Empereur accepta la paix de Passau, négociée par son frère Ferdinand de Habsbourg, et libéra les princes protestants capturés à Mühlberg, en 1547. Aidé par les troupes espagnoles du duc d'Albe et par les régiments allemands du margrave de Brandebourg, Charles Quint assiège Metz tenue par les Français, mais ne parvient pas à reprendre la ville aux forces dirigées par le duc François de Guise et le maréchal Anne de Montmorency. Charles Quint retourne ensuite aux Pays-Bas pour une dernière campagne contre les Français et pour les dernières années de son règne. En 1555, il charge son frère Ferdinand de Habsbourg de signer la paix d'Augsbourg en son nom. Les dernières années de Charles Quint sont une suite de désillusions politiques et de souffrances tant physique que morale. L'Empereur était conscient que ses ambitions en termes de religion et de récupération des territoires bourguignons sont des échecs. L'unité de la chrétienté a été mise à mal par les conflits incessants avec le royaume de France et ses alliés italiens et par la Réforme mise en place par le moine Martin Luther, instaurant un protestantisme multiple avec des courants différents selon les prédicateurs : Martin Luther, Ulrich Zwingli, Jean Calvin... Le Saint Empire sort affaibli politiquement avec des princes prêts à rechercher des soutiens à l'étranger pour diminuer et affaiblir le pouvoir de l'Empereur.

L'échec d'une politique

Charles Quint voit au même moment la paix religieuse rétablie dans le Saint Empire, la guerre de religion contre les protestants, prolongée par un conflit entre l'Électeur de Saxe et Albert de Brandebourg, a épuisé le pays. Ajouté à la disparition de Maurice de Saxe lors de la bataille de Sieverhaus en, en 1553, prive le camp protestant de son chef, tout comme la convocation d'une diète pour mettre fin à la lutte. Elle se réunit à Augsbourg, en 1555, mais en l'absence de l'Empereur, qui y a délégué son frère. La paix d'Augsbourg, signée le 3 octobre, reconnaît officiellement la présence du protestantisme dans le Saint Empire, tout en reconnaissant au luthéranisme un statut officiel dans les domaines impériaux. Cependant, elle n'admet pas la liberté religieuse des personnes, seul l'État, c'est-à-dire les princes ou les villes, est libre de choisir entre les deux confessions. Cela est reconnu solennellement par l'Empereur, mais, à l'intérieur de l'État, les populations doivent obligatoirement suivre la religion des souverains ou des magistrats, en cas de refus, elles risquent l'exil. C'est là l'énoncé du fameux principe *cuiusregio, eus religio* : « tel prince, telle religion ». Du calvinisme ou des autres confessions protestantes, il n'est fait aucune mention. Des dispositions particulières règlent les problèmes de sécularisation des biens. Il est décidé que tous les faits accomplis en ce domaine jusqu'en 1552 seront tenus pour légitimes. Désormais, tout bénéficiaire ecclésiastique devra, s'il passe au protestantisme, restituer à l'Église catholique les biens qu'il détient d'elle pour l'exercice de sa charge. Cette clause est la seule qui avantage les catholiques. La paix d'Augsbourg consacre l'échec final de la politique religieuse de Charles Quint dans le Saint Empire.

Le principe de *cuiusregio, eiusreligio* prévoyait l'unité religieuse interne au sein d'un État : la religion du prince devenait la religion de l'État et de tous ses habitants. Les habitants qui ne pouvaient pas se conformer à la religion du prince ont été autorisés à partir : une idée novatrice pour le XVIe siècle. Ce principe a été longuement discuté par les différents délégués, qui sont finalement parvenus à un accord sur les détails de sa formulation après avoir examiné le problème et la solution proposée sous tous les angles possibles. Le deuxième principe, appelé la *réserve ecclésiastique*, couvrait le statut spécial de l'État ecclésiastique, à savoir si le prélat changeait de religion, les habitants de cet État n'avaient pas à le faire. Au lieu de cela, le prélat devait démissionner de son poste. Le troisième principe, connu sous le nom de *Déclaration de Ferdinand*, exemptait les chevaliers et certaines villes de l'exigence d'uniformité religieuse, si la religion réformée y avait été pratiquée depuis le milieu des années 1520. Cela a permis à quelques villes mixtes où catholiques et luthériens se côtoyaient de continuer leur activité sans impact pour l'économie ou le fonctionnement de la société. Cela protège également l'autorité des familles princières, des chevaliers et de certaines villes signifiaient la continuité du métissage religieux, sans mettre en place l'uniformité religieuse dans leurs territoires décrétés lors de la paix d'Augsbourg. Clause incluse par Ferdinand de Habsbourg à la dernière minute de sa propre initiative pour sauvegarder la paix et une sorte d'unité dans le Saint Empire. Cependant, le document lui-même présentait des problèmes, malgré le fait qu'il donne une base légale à la pratique de la confession luthérienne, la paix d'Augsbourg parvient modérément à soulager les tensions dans le Saint Empire et à accroître la tolérance, elle a laissé des choses importantes en suspens. Ni les anabaptistes ni les calvinistes n'étaient protégés par la paix, de sorte que de nombreux groupes protestants vivant sous le règne d'un prince luthérien se trouvaient toujours en danger d'être accusés d'hérésie.

Ces minorités n'ont obtenu aucune reconnaissance légale avant la paix de Westphalie, en 1648, qui met fin à la guerre de Trente Ans[53]. Le principe de la réserve ecclésiastique a été testé lors de la guerre de Cologne, entre 1583 et 1588, qui est née du scénario envisagé par Ferdinand de Habsbourg lorsqu'il a écrit la condition : « le prince-archevêque régnant, Hermann de Wied, s'est converti au protestantisme. Bien qu'il n'ait pas insisté pour que la population se convertisse, il a placé le calvinisme sur un pied d'égalité avec le catholicisme dans tout l'électorat de Cologne. Cela en soi est apparu comme un double problème juridique : premièrement, le calvinisme était considéré comme une hérésie. Deuxièmement, l'électeur n'a pas démissionné de son siège, ce qui le rendait éligible, du moins en théorie […]. Enfin, son mariage présentait un potentiel très réel pour

[53] Arnaud Blin, *1648, la paix de Westphalie : ou la naissance de l'Europe politique moderne*, Bruxelles, Complexe, coll. « Questions à l'histoire », 2006.

convertir l'électorat en une principauté dynastique, modifiant l'équilibre du pouvoir religieux dans l'Empire ». En même temps, les relations entre les deux frères s'étaient détériorées, car Ferdinand de Habsbourg ne voulait en aucun cas céder la couronne impériale à son neveu, le futur Philippe II, même au risque de demeurer uniquement roi des Romains. Ni l'Empereur ni le futur roi d'Espagne ne voulaient renoncer à la couronne impériale qui leur accorde une prépondérance formelle en Europe, mais les électeurs étaient hostiles à l'élection du fils de Charles Quint afin d'éviter une succession héréditaire, pendant que Ferdinand de Habsbourg, né et élevé en Espagne, était devenu progressivement allemand. Malgré la médiation de Dona Maria de Austria, gouvernante des Pays-Bas depuis 1531 et la mort de Marguerite d'Autriche, qui demande à son frère Charles Quint plus de souplesse en termes de religion, d'une part pour assurer la stabilité de l'ensemble de son empire et d'autre part pour sauvegarder le commerce des Pays-Bas dont l'économie en dépens. La paix d'Augsbourg fixe également la répartition définitive entre les deux confessions : la Bavière et la Rhénanie, à l'exemption du Palatinat, demeurent catholiques, le Nord, à l'exemption de l'évêché de Münster, est protestant, en Franconie, les évêchés de Wurzbourg et de Bamberg demeurent fidèles à l'Église catholique. Le Saint Empire romain germanique divisé en une multitude d'États et de principautés est dorénavant divisé également en terme religieux avec des imbrications de territoires catholiques dans des zones protestantes et inversement, malgré une majorité de territoires catholiques au sud dominés par les États des Habsbourg.

L'autre conséquence néfaste de ce conflit interne dans le Saint Empire est économique au niveau de l'Espagne. Cette politique, durant les derniers temps de règne de Charles Quint, est essentiellement impériale axée sur la défense de la chrétienté occidentale dont les guerres se révèlent ruineuses, exigeant toujours plus de moyens financiers. C'est pourquoi les multiples conflits, imposés par l'adversaire la plupart du temps, eurent un lourd impact.

Charles Quint ne pouvait compter que sur ce qui lui appartenait à savoir les opulents Pays-Bas et la riche Espagne et ses ressources américaines. Malgré les moyens colossaux, les dépenses de l'Empereur étaient sans cesse supérieures. Lors de sa prise de possession de la Castille et de l'Aragon, en 1516, trouve des finances assez saines, mais dans les premières années de son règne le « budget » se trouve rapidement en déséquilibre : « Les dépenses dépassent de beaucoup les rentrées d'argent, et la dette est écrasante dès la décennie 1530 ». Dans le pays, les réactions se font de plus en plus sombres sur l'horizon européen. La guerre contre les protestants est ruineuse, les Castillans se retrouvent à payer pour une guerre et un territoire lointain qui ne concerne en rien leur vie et leurs activités.

Un Dominicain de haut rang, Garcia de Loaysa, cardinal et futur archevêque de Séville, très proche conseiller de l'Empereur dont il était également le confesseur, estimait qu'on pouvait transiger sur la mission, mais non sur l'autorité impériale. Un autre homme d'Église, le cardinal Juan Pardo de Tavera, archevêque de Tolède, proche de Charles Quint au point que ce dernier lui confia la régence de l'Espagne, en 1543, déconseille également une politique religieuse trop stricte. Dans une lettre, datée de 1529, il conseille à l'Empereur de regagner l'Espagne et de s'occuper des affaires du royaume en abandonnant la guerre avec l'Italie et la France « car au bout du compte ce qui va durer et passer aux successeurs est ici, et ce qui se passe là-bas n'est que gloire passagère ». Malgré un sage conseil, Charles Quint, dont on ne peut douter de sa sincérité quand il affirmait son désir de paix, ne peut suivre un tel conseil. La guerre a ruiné ses domaines patrimoniaux, qui sortent de l'épopée impériale économiquement faible et fragile. L'Espagne, plus que les autres territoires, doit assumer jusqu'à l'épuisement la politique extérieure de son monarque. Dès les années 1540, elle se trouve à l'agonie sur le plan économique et financier, et cela n'étaient pas les dires des opposants à la politique de Charles Quint, mais les régents eux-mêmes, Don Philippe de Habsbourg, puis Dona Juana de Austria, qui doivent opposer un refus aux demandes incessantes de leur père : « Je ne sais comment ni avec quels mots insister, mais comme il y a tant d'années que l'on cherche des fonds et des moyens d'en trouver, tout est si exsangue et consumé que l'on est arrivé au bout de tout ».

Tout en reconnaissant le bien-fondé de la politique impériale à forte composante religieuse, défense de la religion catholique et de l'Église, le futur Philippe II reproche à son père d'abandonner ses royaumes espagnols à ses grands idéaux, trop élevés pour les moyens dont il dispose. Il en vient à demander de mesurer les choses selon ses possibilités et non selon ses pensées. Ces pensées qui étaient justement axées sur l'engagement religieux, n'était rien d'autre que la mission impériale comme l'avait conçu Charles Quint. Philippe II devra inaugurer son début de règne, en janvier 1557, il est roi depuis 1556, par une banqueroute, la première des trois qui marqueront le règne du tout puissant et très catholique Philippe II, roi d'Espagne. Cette première faillite financière est à porter au crédit de Charles Quint qui lègue le poids des guerres durant son règne à ses successeurs Philippe II et Ferdinand Ier. Les relations entre Ferdinand de Habsbourg et son frère Charles Quint se poursuivent alors qu'elles sont troublées, une grande partie du règne de l'Empereur. Face au désir de Charles Quint de gagner Albert de Brandebourg, un chef militaire vétéran qui fut d'une grande utilité pour l'Empereur contre la France de Henri II, lors du siège de Metz de 1552-1553 et fut l'un de ses derniers partisans dans le Saint Empire, la campagne de pillage de celui-ci en Franconie conduit Ferdinand de Habsbourg à soutenir la ligue levée contre lui en 1553-1554. La campagne se termine par la défaite du margrave Albert de Brandebourg au prix de la mort de Maurice de Saxe, en 1553. Les domaines du margrave furent attribués à son parent, Georges-Frédéric de Brandebourg-Ansbach, dont Ferdinand de Habsbourg fut le tuteur. Un autre sujet de conflit entre frères était la proposition d'un candidat des Habsbourg d'épouser Mary Ire, reine d'Angleterre et fille de Henry VIII, elle succède à son frère Edward VI lorsqu'il meurt sans descendance en 1553, dans une tentative de gagner un autre royaume pour la dynastie. Ferdinand de Habsbourg propose son fils cadet l'archiduc Ferdinand d'Autriche, tandis que Charles Quint défend la candidature de son fils Don Philippe de Habsbourg.

Ce dernier l'emporte finalement et deviendra roi d'Angleterre, pour une courte période entre 1553 à 1558. Mary Ire meurt le 17 novembre à l'âge de 42 ans au palais Saint James, durant une épidémie de grippe qui emporta également Reginald Pole le même jour. Elle était affaiblie et souffrait peut-être d'un kyste ovarien ou d'un cancer de l'utérus. Le fils aîné de Ferdinand de Habsbourg, le futur Maximilien II montre le même mécontentement et la même rancœur envers à Charles Quint qu'il considérait comme un souverain autoritaire et sans considération pour son propre frère. Les différends entre les deux frères ont continué jusqu'à ce que Charles Quint accepte finalement, en 1553, d'exclure son fils de la succession allemande. Malgré cela, l'Empereur réussit à imposer certaines conditions en faveur du futur Philippe II, comme la promesse qu'il serait nommé vicaire impérial en Italie si Ferdinand de Habsbourg est désigné comme empereur. Ce dernier pour se placer dans la course à la succession impériale a recoure à des mesures telles que la construction d'une entrée monumentale avec les symboles impériaux dans son palais à Vienne ou l'élévation d'un tombeau, sans le corps, à la mémoire de son grand-père Maximilien Ier afin de souligner son héritage impérial.

Durant les échecs financiers, politiques et religieux de Charles Quint en Espagne et dans le Saint Empire, en Italie, le pape Jules III rend l'âme le 23 mars 1555[54]. Le premier conclave de 1555, après la mort de Jules III, implique une lutte entre les intérêts français en Italie qui avaient été favorisés par le Saint-Père défunt, et les intérêts impériaux, qui avaient l'intention de réformer l'Église par un conseil, mais avec l'Empereur contrôlant le résultat. Les cardinaux présents au conclave se regroupaient généralement en trois factions principales, selon leur alignement sur la maison des Valois, les Habsbourg ou les

[54] F. Peretti, *Julius III e Innocenzo Ciocchi del Monte*, Roma 2009.

États italiens qui restaient indépendants des deux grandes puissances catholiques. Le Collège des cardinaux était divisé en trois partis : les Français partisans du roi Henri II pour le cardinal Charles de Lorraine-Guise. Le parti des Habsbourg avec pour candidat le cardinal Juan Álvarez de Toledo. Et enfin, le parti italien, dirigé par le cardinal Alessandro Farnèse, neveu de Paul III, sans liens directs avec les principales puissances catholiques : Empire des Habsbourg ou royaume de France. Les cardinaux présents à Rome entrent dans le conclave le 5 avril. Dans un premier temps, les partisans de Charles Quint voulaient obliger le nouveau pape à maintenir la neutralité des États pontificaux dans les conflits européens en lui interdisait de mener des guerres contre les princes chrétiens. Malgré les divisions existantes, les cardinaux sont rapidement parvenus à un consensus. Le 9 avril 1555, le soir du quatrième jour du conclave pontifical, Cervini est désigné comme pape à l'âge de 53 ans, malgré les efforts des cardinaux fidèles à Charles Quint pour bloquer son élection sur demande de l'Empereur. Le lendemain matin, un vote formel a eu lieu à la Capella Paolina, dans lequel tous les votes exprimés étaient pour le cardinal Cervini sauf le sien, qu'il a voté pour le doyen du Sacré Collège des cardinaux, Giampietro Carafa. Le nouveau pape a choisi de conserver son nom de naissance, le dernier pape à le faire, régnant sous le nom de Marcello II. Il a été consacré évêque de Rome et couronné pape le lendemain lors d'une cérémonie qui a été atténuée en raison de sa chute pendant le carême. Le 10 avril au matin, un examen officiel a eu lieu pour confirmer l'élection. Le choix de Marcello II démontre une nouvelle fois l'échec de la politique de Charles Quint vieillissant, dont les appuis, toujours aussi solides, ne s'avèrent plus aussi efficaces que par le passé, tout comme son influence.

Cependant, Marcello II est victime d'un accident vasculaire cérébral, le 30 avril 1555 et tombe dans le coma. Il décède le lendemain, 1er mai, à peine 22 jours après son accession au trône pontifical, plongeant dans la stupeur et la tristesse toute l'Église à la mesure de l'espoir que son élection avait suscité. En effet, il avait la réputation d'être un prêtre sérieux et un cardinal intègre. Il se montra influent au Concile de Trente, lors de sa deuxième session, ouverte en 1551, comme légat pontifical. Ses interventions vont dans le sens d'une réforme profonde de l'Église catholique. Lors du conclave de 1555, pour désigner le nouveau pape, deux camps se distinguent parmi les cardinaux de l'époque : l'intransigeant, voulant réprimer toute forme d'hérésie, et les spiritualistes qui voulaient parvenir à une médiation avec les protestants sur le plan dogmatique et théologique. Gian Pietro Carafa, le futur pape Paul IV, est parmi les premiers. Comparé aux deux grandes puissances européennes de l'époque, l'Empire de Charles Quint et le royaume de France, il se range du côté du parti francophile. En 1542, Carafa réussit à obtenir de Paul III l'institution de la Congrégation de l'Inquisition romaine et universelle, le 21 juillet 1542. Jusque-là, l'Inquisition était gérée par les différents diocèses, à l'exclusion du Royaume d'Espagne, dont la Sainte Inquisition était sous les ordres directs du roi. La mesure a créé un organisme centralisé chargé de superviser les questions de foi et la défense de l'Église contre les hérésies. Carafa lui-même en fut le premier dirigeant. Gian Pietro Carafa appartenait à une famille de la noblesse napolitaine, les Carafa dellaStadera, qui a déjà donné plusieurs cardinaux à l'Église. En 1555, il fut élu pape à l'âge de 79 ans et choisi comme nom celui de Paul IV. Il est le second Saint-Père le plus vieux à être désigné pontife, celui qui détient l'âge le plus avancé est le pape Grégoire XII à 80 ans. Avant son élection pontificale, il n'avait cessé de parler de réformes, mais une fois à la tête des États pontificaux, Paul IV pratique le népotisme, faisant cardinal et secrétaire d'État l'un de ses neveux, Carlo Carafa, un condottiere, tandis que son autre neveu, Giovanni Carafa, un aventurier brutal, devenait d'abord capitaine général de l'Église puis duc de Paliano. Il fut un choix surprenant en tant que pape pour succéder au pape Marcellus II par son caractère sévère et inflexible, combiné à son âge avancé et à son patriotisme italien signifiant que, dans des circonstances normales, il aurait refusé cet honneur, mais il accepta parce que Charles Quint s'était opposé à son accession au trône pontifical.

Une fois devenue pape, l'une de ses premières mesures visait à élever l'Inquisition au rang d'organe directeur de l'Église. La répression des abus ecclésiastiques, tels que l'accumulation de bénéfices, et la réforme de la Curie romaine deviennent également de la compétence du tribunal du Saint-Office. Le champ d'action du tribunal s'élargit alors, passant de la sphère doctrinale à la sphère politique et administrative. Cette politique entre en accord avec le désir de Charles Quint d'accentuer les pouvoirs de l'Église catholique et son champ d'action. Paul IV a rompu la relation traditionnelle de tolérance entre l'Église catholique et les Juifs en révoquant tous les droits accordés et ordonne l'établissement du ghetto, appelé « ménagerie des Juifs ». Déjà présent à Venise et dans d'autres villes européennes, il fut le premier des États pontificaux. Les Juifs ont été forcés de vivre emprisonnés dans une zone spécifique du quartier de Sant Angelo. À Florence, Cosme Ier de Médicis, Grand-duc de Toscane, a également construit le ghetto juif dans la zone du Mercato Vecchio, l'actuelle Piazza della Repubblica, conformément aux ordres pontificaux. Par la suite, également dans d'autres villes des États pontificaux, les Juifs ont été enfermés dans des ghettos et forcés de porter un chapeau jaune pour être reconnaissables et un voile jaune pour les femmes. Paul IV dépêche deux commissaires extraordinaires à Ancône avec l'ordre d'arrêter et de juger tous les Juifs apostats, chrétiens baptisés qui ont abandonné ou renié la religion catholique.

Les contrevenants sont emprisonnés et jugés par le tribunal de l'Inquisition et certains sont condamnés au bûcher et d'autres sont condamnés à vie sur des galères entre mars et juin 1556. Paul IV appartenait au parti pro-français, il considérait donc l'Espagne comme un royaume hostile. En 1555, il conclut une alliance secrète avec le roi de France Henri II afin de libérer le sud de l'Italie de la domination espagnole, officialisée, le 15 décembre 1555, par la signature d'un traité par lequel le roi de France s'engage à doter les États pontificaux d'une armée de 12 000 hommes, de son côté le pontife a révoqué l'ambassade du cardinal ScipioneRebiba, le renvoyant de Madrid. Geste instaurant les mauvaises relations par la suite entre Philippe II et le pape. Avec le soutien de Henri II, Paul IV s'oppose ouvertement à Charles Quint, excluant dès le début de son pontificat toute possibilité de conclure des accords avec l'Empereur. Le pontife condamne la paix d'Augsbourg, signée le 25 septembre 1555, entre Charles Quint, représenté par son frère Ferdinand de Habsbourg, et l'alliance des princes protestants. Cet accord sanctionne la coexistence du luthéranisme et du catholicisme dans les États allemands. L'aversion de Paul IV pour l'Espagne a conduit à une détérioration des relations avec l'Angleterre, sur le trône de laquelle se trouvait Mary Ire Tudor, épouse du futur Philippe II. Pour résoudre la crise créée en Angleterre après le schisme provoqué par Henry VIII, avec le clergé divisé en deux entre prêtres ordonnés par Henry VIII et prêtres de confession catholique, Paul IV publia, le 20 juin 1555, la bulle *PraeclaraCharissimi* par laquelle il impose l'ordination de prêtres parmi les évêques et la nomination des évêques par le pape. Après la mort de Marie Ire Tudor le 17 novembre 1558, le lien entre le Saint-Siège et la couronne d'Angleterre est définitivement rompu avec l'avènement de Elizabeth Ire.

L'avènement d'un nouveau pouvoir

On peut se demander, pour chaque État de l'immense Empire de Charles Quint, l'impact du règne. Pour l'Aragon, il semble que son intérêt coïncidait mieux avec la politique impériale, avec une tradition prônant déjà l'expansion en Méditerranée et une lutte contre les Maures, puis Barbaresques. Cette politique implique presque inévitablement un conflit avec la France qui avait elle aussi des vues sur l'Italie. À l'inverse, la vocation de la Castille est plus orientée en direction de l'Atlantique, surtout depuis la découverte du Nouveau Monde et en n'aucun cas pour une expansion en Méditerranée et des conquêtes en Italie, faisant de la noblesse castillane une opposante à la politique impériale de Charles Quint, et l'on en trouve des échos dans les lettres de l'impératrice, régente en Espagne durant les absences de son époux. Plus que le monarque universel qu'un petit groupe d'administrateurs et lui-même se sont plu à imaginer, Charles Quint est l'héritier qui réunit sous un même pouvoir des États dont les traditions comme les intérêts divergent. Cet Empire universel existe seulement avec la personne de l'Empereur, car il ne s'appuyait sur aucune administration commune ni sur un système économique cohérent. Après la mort de Gattinara, le poste de chancelier n'est plus pourvu. Dès lors, l'administration relève de deux institutions distinctes : l'une espagnole, chargée de gouverner l'Espagne et l'Italie, l'autre qui avait la haute main sur les possessions du Nord et de la Franche-Comté. Après tant de guerres et de conflits, Charles Quint est entré dans une phase de réflexion. Les grands protagonistes, qui avec lui avaient tracé la scène européenne et mondiale dans la première moitié du XVIe siècle, sont morts : Henry VIII, Hernan Cortes, François Ier, en 1547, Martin Luther en 1546, le roi de Portugal João III, en 1557, et le pape Paul II, en 1549.

Son rêve d'un Empire universel sous les Habsbourg avait échoué, tout comme son objectif de reconquérir la Bourgogne. Charles Quint, malgré sa profonde ferveur catholique et sa volonté de défendre l'Église, n'avait pas réussi à empêcher l'établissement de la doctrine luthérienne. Malgré l'agrandissement des possessions, mais leurs gouverneurs n'avaient pas été en mesure de mettre en place des structures administratives stables. Mais il avait consolidé la domination espagnole sur l'Italie, qui serait assurée après sa mort avec la paix du Cateau-Cambrésis, en 1559[55], sous le règne de son fils et successeur Philippe II. Charles Quint commence à prendre conscience que l'Europe va être gouvernée par de nouveaux princes qui, au nom du maintien de leurs propres États, ne cherchent pas le moins du monde à

[55] Bertrand Haan, *l'amitié entre princes : une alliance franco-espagnole au temps des guerres de religion (1560-1570)*, Paris, Presses universitaires de France, coll. « Le nœud gordien », 2010.

modifier l'équilibre politico-religieux au sein de chacun d'eux. Sa conception de l'Empire était passée et l'Espagne était consolidée en tant que puissance hégémonique.

Désillusion également du côté familial avec des relations qui se dégradent avec son frère à mesure que son règne avance. L'archiduc d'Autriche Ferdinand de Habsbourg avait des ambitions sur les terres héréditaires des Habsbourg et surtout sur le Saint Empire. L'idée de Charles Quint est de maintenir une certaine unité de l'héritage au sein de la dynastie. Un double dilemme se pose à lui à propos de sa succession : fallait-il privilégier la branche aînée de la famille, c'est-à-dire son fils, Don Philippe de Habsbourg, ou bien la branche cadette, à savoir son frère Ferdinand de Habsbourg, tout en maintenant une collaboration étroite entre l'ensemble des membres de la maison de Habsbourg. D'autre part, fallait-il maintenir l'unité de l'Empire qui n'était plus qu'une unité de façade depuis des années ? Un projet élaboré, en 1550, prévoit qu'à la mort de Charles Quint, Ferdinand de Habsbourg, déjà roi des Romains, depuis 1531, devient empereur et doit aussitôt faire élire comme roi des Romains le futur Philippe II, lequel devenu empereur à son tour, ferait élire roi des Romains le fils de Ferdinand de Habsbourg, l'archiduc Maximilien de Habsbourg, assurant une alternance des héritiers directs de Charles Quint et de Ferdinand de Habsbourg. Contraint et forcé, le frère de Charles Quint, le 1er mars 1551, accepte ce système avec l'espoir que le moment venu les princes électeurs choisissent son fils Maximilien de Habsbourg pour lui succéder, écartant ainsi son neveu. Avec ce projet, Charles Quint pense pouvoir resserrer les liens entre les deux branches des Habsbourg. Le cadre règlement successoral de 1550-1551 est remanié, en 1554, dans le cadre du contrat de mariage conclu à la vielle de l'union de l'infant Don Philippe de Habsbourg avec la reine d'Angleterre Mary Ire Tudor. Pour cette union, Charles Quint avait cédé le royaume de Naples à son fils afin qu'il soit roi pour pouvoir épouser la reine d'Angleterre. Il était prévu que si le couple avait un enfant, celui-ci hériterait, en plus de l'Angleterre, des États bourguignon et des Pays-Bas, l'héritage espagnol lui reviendrait à Don Carlos de Austria. Le problème ne se pose pas en raison de l'absence de descendance et de la mort de Mary Ire en 1558. Le processus de renonciation aux honneurs et aux pouvoirs se fait de façon progressif. Il abdique d'abord, le 25 juillet 1554, des trônes de Sicile et de Naples et du duché de Milan, en faveur de son fils Don Philippe de Habsbourg. L'investissement du Milanais a été fait secrètement déjà en 1540, puis à nouveau en 1546, mais ce n'est qu'en 1554 que l'Empereur l'a rendu public. Après les abdications de Naples et de Sicile et pour renforcer sa légitimité, le pape Jules III reconnaît le futur Philippe II comme souverain du royaume de Naples et de Sicile.

L'abdication la plus célèbre, et la seule publique a lieu un an plus tard, le 25 octobre 1555, lorsque Charles Quint annonce aux États généraux des Pays-Bas, réunis dans la grande salle où il avait été émancipé exactement quarante ans plus tôt, son abdication en faveur de son fils de ces territoires ainsi que son intention de démissionner de toutes ses fonctions et de se retirer dans un monastère[56]. Au cours de la cérémonie, l'Empereur Charles Quint, atteint de la goutte, s'appuie sur l'épaule de son conseiller le prince Guillaume d'Orange, le futur grand ennemi de Philippe II, prononce son discours de démission en présence de Maria de Austria, ancienne reine de Hongrie, et Éléonore de Habsbourg, ancienne reine de Portugal et de France, et des chevaliers de la Toison d'or : « Mon cher fils, je vous donne, cède et transmets tous mes pays de par deçà, comme je les possède, avec tous les avantages, profits et émoluments qui en dépendent. Je vous recommande la religion catholique et la justice ». Tout, sauf la Franche-Comté, cœur historique de ce cercle patrimonial de Bourgogne créé, en 1512, ce territoire était devenu sous Charles Quint un passage indispensable entre l'Espagne, les Pays-Bas et le Saint Empire, puisqu'il fallait contourner le royaume de France. C'est à cause de son importance stratégique qu'il en avait différé la cession.

[56] Alain Boureau et Corinne Péneau, *le deuil du pouvoir : Essais sur l'abdication*, Paris, Les Belles Lettres, 2013. p. 204.

Un traité existait depuis 1511 avec la France, garanti par les cantons suisses, assurant la neutralité entre ce domaine de la maison de Bourgogne et leurs anciennes possessions annexées par Louis XI. Charles Quint avait signé trois mois plus tôt le renouvellement pour cinq ans, céder la Franche-Comté à Don Philippe de Habsbourg dans un contexte de guerre avec la France risquait d'encourager Henri II à attaquer cette province. La trêve de Vaucelles, ratifiée le 5 février 1556, permet à l'Empereur, à défaut d'être durable, de remettre à son fils ce territoire absolument vital pour qui devrait régner à la fois sur les Pays-Bas et sur l'Espagne. Les états de Bourgogne, réunis à Dole, le 10 juin, procèdent, en l'absence des souverains cette fois, à la passation des pouvoirs.

Dans son testament, Charles Quint reconnaît son fils Don Juan de Austria né de la liaison extraconjugale qu'il a eue avec Barbara Blomberg, en 1545. Ce personnage sera le gouverneur des Pays-Bas, de 1576 à 1578. Don Juan de Austria est notamment le commandant de l'armada chrétienne, rassemblant Venise, les États pontificaux, l'Espagne, les chevaliers de Malte, le duché de Savoie et la république de Gênes, lors de la célèbre bataille de Lépante, victoire navale décisive des puissances chrétiennes regroupées en une Sainte Ligue contre l'Empire ottoman. En même temps, le 16 janvier 1556, Charles Quint abandonne ses pouvoirs à celui qui devient Philippe II sur les Royaumes d'Espagne[57]. Le nouveau roi possède une grande expérience de son royaume puisqu'il le gouverne, au nom de son père, depuis 1543. Il acquiert également la maîtrise des ordres militaires, comme il l'avait fait pour la Toison d'or dès le 20 octobre 1555. L'archiduc d'Autriche Ferdinand de Habsbourg n'avait pas pris part à cette cérémonie d'abdication. Charles Quint ne semble pas lui en avoir tenu rigueur et lui adresse une lettre dans laquelle il lui exprime, outre son affection fraternelle, l'espoir de voir se maintenir d'étroites relations entre tous les membres de la famille, émettant « le vœu fervent que l'amitié qui nous a unis se perpétue chez nos enfants, ce

---

[57] Escamilla, *L'âge d'Or*, op. cit. p. 353.

que j'essaierai de favoriser de toutes mes forces, certain que vous en ferez autant ». Comme la plupart de ses prédécesseurs, Charles Quint considère que les liens familiaux ont une importance capitale pour servir les intérêts de la dynastie.

Lors de son abdication, l'homme qui avait été le plus puissant du XVIe siècle avait adressé à ses États un discours improvisé, dans lequel il énumère les voyages durant son règne : « Neuf fois je suis allé en haute Allemagne, six fois je suis passé en Espagne, sept en Italie, dix fois je suis venu aux Pays-Bas, quatre fois en temps de paix ou de guerre je suis entré en France, deux en Angleterre, deux autres fois je suis descendu en Afrique, ce qui fait au total quarante voyages sans compter de moins longs parcours, mais fort nombreux, que j'ai faits pour visiter les pays et les îles de mes autres royaumes. Pour ce faire j'ai traversé huit fois la Méditerranée et trois fois l'océan d'Espagne. Je vais le traverser une quatrième fois pour m'aller enterrer. » Cet imposant bilan ne figure pas en tête de son discours par hasard. Charles Quint souligne ainsi lui-même la caractéristique majeure de son règne, la mobilité surhumaine, ce mouvement perpétuel, cette itinérance imposée à la fois par la configuration contraignante de ses royaumes et de son empire sans continuité territoriale, tout en comptant sur un harcèlement quasi permanent de ses frontières par ses ennemis. Rappelons également que ses voyages incessants et les différents combats à exténuer l'Empereur aussi bien moralement que physiquement, ajouter à la goutte qui le fait souffrir et l'empêchera de monter à cheval ou de se tenir debout.

Alors qu'il s'apprête à regagner l'Espagne, Charles Quint pour répondre aux attentent de ses sujets impériaux, abdique, le 3 août 1556, de sa dernière couronne d'empereur du Saint Empire romain germanique en faveur de son frère Ferdinand de Habsbourg, élu roi des Romains en 1531. Dans une lettre du 12 septembre 1556, il fait connaître à son frère sa décision de renonciation à la dignité impériale en sa faveur. En février 1557, l'abdication du titre impérial est portée à la connaissance des sept électeurs par une délégation conduite par le prince Guillaume d'orange[58]. La succession ne fut reconnue par les princes-électeurs réunis à Francfort qu'en 1558, et par le pape seulement en 1559. L'abdication impériale marque également le début du règne de Ferdinand Ier dans les possessions autrichiennes, qu'il gouverne au nom de Charles depuis 1521-1522 et qui sont rattachées à la Hongrie et à la Bohême depuis 1526. Le règne de Ferdinand Ier sera marqué par la reprise de la guerre en Hongrie contre l'Empire ottoman de Soliman le Magnifique, tout comme contre la Réforme protestante, qui a entraîné plusieurs guerres de religion dans le Saint Empire malgré la paix d'Augsbourg qui était censé maintenir une paix durable. Bien que n'étant pas un chef militaire, Ferdinand était un organisateur compétent qui se concentrait sur la construction d'un gouvernement centralisé pour l'Autriche, la Hongrie et le reste de l'empire abandonnant le rêve de monarchie universelle. Il réintroduit des innovations majeures de son grand-père Maximilien Ier telles que le conseil de cour avec une chancellerie et un trésor qui lui est attaché cette fois, la structure durera jusqu'à la réforme de Marie-Thérèse d'Autriche au XVIIIe siècle, tout en ajoutant ses propres innovations telles que le bureau des collections et le Conseil de guerre, conçus pour contrer la menace de l'Empire ottoman, tout en réussissant à transformer la classe politique de Bohême et de Hongrie en partenaires des Habsbourg. Bien qu'il ait pu introduire des modèles uniformes d'administration, les gouvernements de l'Autriche, de la Bohême et de la Hongrie sont restés distincts et séparés. Son approche des problèmes impériaux, y compris la gouvernance, les relations humaines et les questions religieuses, était généralement flexible, modérée et tolérante. La devise de Ferdinand était *Fiat iustitia, et pereatmundus* : « Que justice soit faite, mais le monde périt », en comparaison à celle de son frère qui était : « il appartient à l'Autriche de gouverner le monde ».

---

[58] Armstrong, *Charles Quint,* op. cit. p. 515.

Les choix de Charles Quint de choisir son frère Ferdinand de Habsbourg sont cohérents, car Philippe II est culturellement espagnol, il est né à Valladolid et a grandi à la cour espagnole, sa langue maternelle était l'espagnol. Comparé à Ferdinand de Habsbourg qui, bien que né en Castille et élevé à la cour d'Aragon par son grand-père Ferdinand d'Aragon, qui administre les affaires impériales depuis 1531, avait appris à connaître les particularités et les différentes familles composants le Saint Empire romain germanique. L'abdication de Charles eut de lourdes conséquences dans les relations diplomatiques impériales avec la France et les Pays-Bas, en particulier dans son attribution du Royaume d'Espagne à Philippe II. En France, les rois et leurs ministres sont de plus en plus mal à l'aise face à l'encerclement des Habsbourg et cherchent des alliés contre l'hégémonie des Habsbourg parmi les territoires allemands frontaliers, et même chez certains rois protestants. Aux Pays-Bas, l'ascension de Philippe II en Espagne soulève des problèmes particuliers. Au nom de l'harmonie, de l'ordre et de la prospérité, Charles Quint n'avait pas bloqué la Réforme et avait toléré un haut niveau d'autonomie locale. Fervent prince catholique et ardent défenseur de cette religion, Philippe II mène une politique, économique et religieuse agressive envers les Hollandais réformés du Nord, entraînant une rébellion à partir de 1568, connue sous le nom de guerre de Quatre-vingts ans. La réponse militante de Philippe II signifiait l'occupation d'une grande partie des provinces supérieures par les troupes de l'Espagne ou engagées par celles-ci et le flux et le reflux constants d'hommes espagnols et de provisions sur la soi-disant route espagnole du nord de l'Italie, à travers les terres bourguignonnes, vers et depuis la Flandre.

Malgré l'abdication de Charles Quint en 1556, la Diète impériale n'accepte la succession impériale que le 3 mai 1558. Le pape refusa de reconnaître Ferdinand comme empereur jusqu'en 1559, date à laquelle la paix fut conclue entre la France et les Habsbourg. Pendant son règne et afin d'éviter des problèmes de succession, lors de la fin du concile de Trente, Ferdinand Ier organise une élection impériale, en

1562, afin d'assurer la succession de son fils le futur Maximilien II. Les ambassadeurs vénitiens auprès de Ferdinand Ier rappellent, une constance chez les souverains Habsbourg, sa capacité à parler plusieurs langues à l'image des multitudes de territoires et peuples sous leur domination. Une invention importante de Ferdinand est le conseil de guerre aulique, officiellement créé en 1556 pour coordonner les affaires militaires dans tous les pays des Habsbourg, à l'intérieur et à l'extérieur du Saint Empire romain germanique. En 1559, Ferdinand Ier fusionne les chancelleries impériale et autrichienne, traitant ainsi également des affaires des terres impériales et des Habsbourg et la chambre des finances, qui recevait les impôts impériaux, formant ainsi le noyau du gouvernement des Habsbourg à Vienne. Contrairement à Maximilien Ier et Charles Quint, Ferdinand Ier n'est pas un dirigeant nomade. En 1533, il déménage sa résidence à Vienne et y passe la plupart de son temps. Après avoir vécu le siège ottoman de 1529, Ferdinand Ier a travaillé dur pour faire de Vienne une forteresse imprenable. Après son accession au trône en 1558, Vienne devient la capitale impériale, lieux de résidence principale de l'empereur et du pouvoir impérial. On peut voir plusieurs raisons dans les abdications de Charles Quint : la division religieuse du Saint Empire sanctionnée, en 1555, par la paix d'Augsbourg, mais également l'état des finances espagnoles, ruinées par l'inflation à la fin de son règne, la reprise des guerres d'Italie avec les attaques de Henri II poursuivant l'œuvre de son père, l'avancée qui semble inexorable des Ottomans en Méditerranée et en Europe centrales et surtout sa santé déclinante, en particulier les crises de goutte comme celle qui l'a forcé à reporter une tentative de reprendre la ville de Metz.

Cependant, durant ses années de règnes, Charles Quint tient parole sur plusieurs points. L'Espagne est le cœur battant et névralgique de son empire, mais également celle qui a supporté le plus le poids financier des guerres et de la politique impériale, pour sa plus grande gloire, mais aussi pour sa ruine, dont elle vivra une aventure encore plus grande et s'imposera au monde comme la plus puissante sous

Philippe II qui grâce à l'arrivée massive de l'or et de l'argent des Amériques permettra de financer la politique hégémonique et de défenseur de la religion catholique du fils de Charles Quint, reprenant à son compte le rêve de monarchie universelle sous l'égide de l'Espagne. Ce projet est également recherché au Portugal par Sébastien Ier qui abandonne la politique défensive et stabilisatrice de son grand-père João III pour renouer avec la politique conquérante et expansionniste de Manuel Ier. Sébastien Ier est convaincu que seule la conquête de nouvelle terre sauvera le Portugal en renouant avec son Âge d'Or du début du XVIe siècle. En effet, à l'image des territoires qui sortent affaiblis du règne de Charles Quint, l'Empire portugais lors de la fin de règne de João III, qui meurt en 1557, entre en déclin malgré des nobles très compétents en termes d'administration et de défenses des territoires, aucun réussi à égaler l'héritage des héros tels Vasco da Gama ou Afonso de Albuquerque, laissant l'Empire portugais entrer dans une phase de déclin, augmenté par la rivalité des familles aristocratiques cherchant par tous les moyens à affirmer leurs privilèges, au prix parfois de rejoindre les rangs des fidèles du roi d'Espagne d'abord Charles Quint puis Philippe II. Le début du déclin a débuté avec l'abandon de plusieurs places africaines nécessaires pour faire face aux immenses dépenses. Dans une sorte d'hommage et de remerciements, Charles Quint décide de choisir la Castille comme ultime refuge, au lieu de passer ses derniers jours aux Pays-Bas, terre de sa naissance. Il choisit l'Estrémadure et son climat ensoleillé qui convient parfaitement à l'Empereur qui avait la réputation d'être un grand frileux, tout en étant également proche de Plasencia où son compagnon d'armes et ami, le grand commandeur de l'ordre d'Alcantara et marquis de Mirabel, Luis de Ávila y Zúñiga avait son château. Ce personnage est un fidèle serviteur de l'Empereur, dont il fut ambassadeur à Rome, l'accompagne durant le siège de Tunis, en 1535, prit part avec Charles Quint à sa lutte contre la Ligue de Schmalkalde et à la bataille de Mühlberg, en 1547, contre les protestants dans le Saint Empire.

Une fois la succession réglée, Charles Quint, en compagnie des deux anciennes reines, Éléonore de Habsbourg, veuve de Manuel Ier, roi de Portugal, mort en 1521, et de François Ier, roi de France, mort en 1547, et de Maria de Austria, veuve de Louis II de Jagellon, roi de Hongrie, mort en 1526, quitte les Pays-Bas. Le 20 septembre 1557, l'armada impériale arrive dans le port de Lareda où l'Empereur et sa suite gagnent par petites étapes à Yuste, un village bâti près d'un monastère d'hiéronymites, fondé par l'Ordre, en 1402. Les Hiéronymites, également connus sous le nom d'Ordre de Saint-Jérôme, sont un ordre religieux monastique catholique vivant selon la règle de Saint Augustin. Le principal groupe portant ce nom a été fondé dans la péninsule ibérique vers le XIVe siècle. Leur habit religieux est une tunique blanche avec un scapulaire brun à capuchon et un manteau brun. Pour les services liturgiques, ils portent un capuchon brun. Charles Quint avait l'intention de consacrer le reste de sa vie à la prière dans ce monastère éloigné et obscur. Néanmoins, le monastère a dû être agrandi cette année-là pour faire place à l'Empereur et aux membres de son entourage qui rassemble entre cinquante et soixante personnes. Avant d'arriver à Yuste, le cortège impérial traverse Burgos, Valladolid, ces villes, où cinquante ans plutôt, le jeune souverain de 16 ans avait fait la connaissance de ses futurs sujets.

La résidence qu'il avait fait construire à Yuste n'étant pas encore terminée, Charles Quint est hébergé chez Don Fernando Álvarez de Toledo y Figueroa, comte d'Oropesa et seigneur de Jarandilla et Cabañas, dans le château de Jarandilla. Au début de février 1557, Charles Quint et sa cour peuvent partir s'installer à Yuste où ils furent accueillis par les moines. À l'occasion de l'arrivée et de l'installation, Charles Quint déclare à son entourage : « Je ne quitterai plus Yuste que pour rejoindre ma dernière demeure, car il m'a fallu un tel effort pour y parvenir ». Chez les hiéronymites, il médite sur la gloire passée et sur les devoirs de sa charge qu'il a eus à cœur de porter pour le bien de ses sujets et de la chrétienté. C'est à Yuste qu'il passe les derniers moments de sa vie, non pas en ermite, mais dans un confort honnête avec une maison digne du grand monarque qu'il était. Malgré sa retraite, Charles Quint continue à se tenir informé des affaires dans ses anciens territoires, tout en distribuant ses conseils aux personnes venant lui rendre visite à l'image de son fils Philippe II, roi d'Espagne. Auprès de l'Empereur se trouve un jeune page, un enfant de treize ans, fruit d'une rencontre de Charles Quint avec une jeune fille de Ratisbonne, Barbara Blomberg. Ce jeune garçon pour lequel le vieux souverain éprouve une grande tendresse sera connu plus tard sous le nom de Don Juan de Austria, vainqueur de la bataille de Lépante et gouverneur des Pays-Bas, reconnu comme son demi-frère par le roi d'Espagne Philippe II en 1559. L'Empereur n'eut guère le temps de s'occuper de son jeune fils.

Un soir d'août 1558 où Charles Quint ne souffre pas de la goutte, il demande à son confesseur de faire tenir plusieurs messes d'obsèques en l'honneur de sa femme, l'impératrice Isabel de Portugal, morte en 1539, et de ses ancêtres. Les différents offices se succèdent, jusqu'au moment où Charles Quint décide de demander une messe pour ses propres obsèques. Le but étant d'y assister de son vivant. Malgré la peur d'y voir un funeste présage, son confesseur s'exécute. Dès le lendemain, l'ancien Empereur assiste donc à ses propres funérailles avec le premier rôle pour corriger et améliorer l'office. Un mois plus tard, Charles Quint, l'Empereur aux dix-sept couronnes, à la tête d'un empire où le soleil ne se couche pas, meurt, aux premières heures du 21 septembre 1558, ce prince dont Montesquieu a dit que, « pour lui procurer un nouveau genre de grandeur, le monde s'étend et que l'on voit paraître un monde nouveau sous son obéissance ». Charles Quint meurt victime du paludisme après un mois d'agonie et de fièvres, auxquelles s'ajoutait la goutte, une maladie dont il souffrait également de manière chronique, causée par la piqûre d'un moustique des eaux stagnantes de l'un des étangs construits par l'expert en horlogerie et ingénieur hydrographe Torriani. Ainsi s'achève la vie d'un souverain qui sa vie durant avait parcouru l'Europe, un souverain qui fut considéré par beaucoup comme un homme du passé, un homme d'un autre temps, attaché aux traditions et à la culture de la chevalerie et de la chrétienté médiévale, hanté par l'idée de croisade dans un siècle en cours de transformation. L'Europe est désormais dirigée par une nouvelle génération : Philippe II, âgé de 31 ans, roi d'Espagne, de Naples, de Sicile, duc de Milan et souverain des Pays-Bas, Henri II, âgé de 39 ans, roi de France, Sébastien Ier, âgé de 4 ans, roi de Portugal, Ferdinand Ier, âgé de 55 ans, empereur du Saint Empire romain germanique, Paul IV, âgé de 82 ans, souverain des États pontificaux et Mary Ire, âgée de 42 ans, reine d'Angleterre. Le roi de France s'est lancé dans une politique ambitieuse en Italie en s'alliant au pape. Henri II envoie dans la péninsule une grande armée commandée par le duc François de Guise afin de reconquérir le royaume de Naples, dégarnissant la Picardie. Erreur qui favorise Philippe II dont Emmanuel-Philibert de Savoie, lieutenant général du roi d'Espagne, sera profité sur les troupes du roi de France aux ordres du connétable de Montmorency, Saint-Quentin passe aux Espagnols.

On peut se demander si le traité de Cateau-Cambrésis, en 1559, n'aurait pas été une trêve de plus si les guerres de religion n'avaient pas déchiré la France. Henri II renonce à la Savoie et à toutes ses prétentions en Italie, mais conserve Calais, prise à l'Angleterre, Metz, Toul et Verdun, places conquises contre Charles Quint. Désormais s'ouvre l'ère de la suprématie de l'Espagne et Philippe II apparaît comme le roi le plus puissant du monde. L'œuvre de Charles Quint de réaliser la monarchie universelle est en échec, mais il donne naissance à la toute-puissance de l'Espagne de son fils Philippe II, tout en jetant les fondements de la monarchie autrichienne, le véritable Empire des Habsbourg qui survit jusqu'en 1918, malgré la disparition du Saint Empire en 1806 et sa transformation en empire d'Autriche, les Habsbourg parviennent à conserver le titre et la couronne impériale jusqu'à la fin de la Première Guerre mondiale. On peut observer que Charles Quint avait rempli sa mission en tant que monarque et chef de la maison de Habsbourg en transmettant intact l'héritage qu'il a reçu à partir de 1506, augmenter de conquêtes avec Tunis, du nord des Pays-Bas et surtout les deux empires américains Aztèque et Inca, tout en consolidant le duché de Milan, conquis en 1525, territoire qui sera essentiel à Philippe II, plaque tournante de l'ensemble de ses domaines européens, par où transites les hommes, les armes et l'argent. Héritage considérablement agrandi dans le Nouveau Monde, initié sous les Rois Catholiques, puisque ce fut sous Charles Quint et en son nom que les conquistadores Hernan Cortés et Francisco Pizarro se lancent à la conquête d'immenses territoires à la recherche d'or, d'argent et surtout de l'Eldorado, la mythique cité d'or. Seule la partie sud du continent américain ne sera jamais vraiment soumise, correspondant au Chili actuel, Pedro de Valdivia est tué par les Indiens en 1553. Il ne faut pas croire cependant que Charles Quint s'est désintéressé de l'Amérique. C'est sous son règne et à sa demande que furent posées les grandes questions de conscience et de droit durant le débat connu sous le nom de Controverse de Valladolid entre Juan Ginés de Sepúlveda et Bartolomé de Las Casas.

Charles Quint est à l'origine enterré dans la chapelle du monastère de Yuste, mais il a laissé un codicille dans son testament demandant la création d'une nouvelle fondation religieuse dans laquelle il serait de nouveau enterré avec l'impératrice Isabel de Portugal. Après son retour en Espagne, en 1559, Philippe II entreprend la tâche de réaliser le souhait de son père en fondant le célèbre monastère de San Lorenzo de El Escorial. Après l'achèvement de la crypte royale du monastère, en 1574, les corps de Charles Quint et Isabel de Portugal ont été déplacés et de nouveau enterrés dans un petit caveau directement sous l'autel de la chapelle royale, conformément aux souhaits de l'Empereur d'être enterré côte à côte avec celle qu'il a aimée et honorée tout le long de sa vie à savoir l'impératrice Isabel de Portugal. Ils sont restés dans la chapelle royale alors que la célèbre basilique du monastère et les tombes royales sont encore en construction. En 1654, après que la basilique et les tombes royales ont finalement été achevées, sous le règne de leur arrière-petit-fils Philippe IV, les restes de Charles Quint et de Isabel de Portugal ont été déplacés dans le Panthéon royal des rois, qui se trouve directement sous la basilique.

D'un côté de la basilique se trouvent des effigies en bronze de Charles Quint et de Isabel de Portugal, avec derrière elles des effigies de leur fille Dona Maria de Austria et des sœurs de Charles Quint, Eléonore de Habsbourg et de Maria de Austria. Exactement à côté d'eux, de l'autre côté de la basilique, se trouvent des effigies de leur fils Philippe II avec trois de ses épouses et de leur petit-fils malheureux Don Carlos de Austria, prince des Asturies.

Le règne de Philippe II fut, comme celui de son père, qui dure trente-neuf ans, l'un des plus longs de l'Espagne, puisqu'il règne durant quarante-deux ans, mais gouverne le royaume beaucoup plus longtemps si l'on compte les années de régence. Comme son père, il fut accaparé par les affaires européennes dans une multitude de conflits sur différents fronts et endroits qui parfois se superposent. Cependant, à la différence du règne précédent où l'Empereur était condamné à être toujours en mouvement pour faire face aux événements, Philippe II dirige tout depuis le centre de l'Espagne, Madrid et bientôt l'Escorial d'où partent les ordres, les missives et les hommes et où arrivent un flot d'informations tout lu et annoté par le roi d'Espagne en travailleur acharné qu'il sera gouvernant l'ensemble de son immense empire depuis son bureau[59]. Les informations partent et arrivent des quatre coins de l'Europe et du monde, aussi bien les rapports des diplomates et des espions aussi, parfois confondus. Charles Quint avait choisi d'être, en assumant la couronne impériale, le défenseur de la chrétienté contre toute menace venue de l'extérieur et de l'intérieur. Le règne de Philippe II, exempté de la lourde charge impériale, s'engage lui-même et entraîne l'Espagne à défendre la religion catholique contre l'Empire ottoman et la réforme.

Avec le partage de l'Empire de Charles Quint, Philippe II hérite de la puissance de son père, même s'il ne porte plus le titre impérial[60]. Philippe II ne saurait être simplement le titulaire des couronnes espagnoles et de ses ambitions universelles qui ressemblent à celles du

[59] Escamilla, *Le Siècle d'Or*, op. cit. p 354.
[60] Ivan Cloulas, *Philippe II*, Paris, Fayard, 1992.

règne précédent. Il est pourtant un prince profondément castillan par sa culture, imprégné par ses précepteurs d'un idéal très ibérique de chevalerie chrétienne. Son gouverneur, Juan de Zúñiga, grand commandeur de l'ordre de Santiago, a voulu en faire un amateur de chasse et de guerre. Doué d'une assez bonne culture humaniste, il est en revanche éloignée de l'univers de son père qui était imprégné d'un idéal médiéval. L'ignorance des langues parlées dans ses États fait de ce roi qui ne s'exprime qu'en castillan, bien qu'il comprenne le portugais, le maître d'un empire de plus en plus espagnol, qui tend à étendre sa domination sur l'Occident, la Méditerranée et le Nouveau Monde. Trois ambitions sont les fondements de cette hégémonie : contrôler et renforcer la mainmise sur la péninsule ibérique, ce qui conduit Philippe II à se tourner vers la couronne de Portugal dont il s'empare en 1578 lors de la disparition du dernier représentant des Aviz, le cardinal roi Dom Henrique, ensuite poursuivre l'action de la première moitié du siècle en contrant les Ottomans de Soliman le Magnifique et ses vassaux barbaresques en Méditerranée et, enfin, perpétuer en Europe une tutelle dont l'origine reste avant tout l'héritage bourguignon. La réforme catholique, avec la conclusion, en 1563, du concile de Trente qui a donné à l'Église romaine une énergie conquérante pour affronter la Réforme. Le tout puissant Philippe II, roi d'Espagne, est en effet le souverain européen qui a choisi d'être le bras armé de la foi catholique.

Repères chronologiques

7 juin 1494 : Traité de Tordesillas, partage du monde entre le Portugal et l'Espagne.

1497 : Mariage de Manuel Ier et de doña Isabel, fille de Ferdinand II d'Aragon et d'Isabelle la Catholique.

24 février 1500 : Naissance à Gand de Charles de Habsbourg.

1500 : Mariage de Manuel Ier et de Maria d'Aragon, fille des Rois Catholiques.

26 novembre 1504 : Mort d'Isabelle la Catholique.

25 septembre 1506 : Mort de l'archiduc Philippe le Beau, Charles de Habsbourg devient à 6 ans le souverain des fiefs de l'héritage des ducs de Bourgogne.

1509 : Mort de Henry VII, avènement de Henry VIII.

1511 : Les Fugger, puissants banquiers germaniques, ouvrent une agence à Lisbonne.

1er janvier 1515 : Mort de Louis XII, avènement de François Ier.

13-14 septembre 1515 : Bataille de Marignan.

1516 : Mort de Ferdinand d'Aragon, avènement de Charles Ier, roi d'Espagne, de Naples et de Sicile.

1516 : Le richissime banquier des Habsbourg, Jacob Fugger, apporte une aide financière à Manuel Ier.

1517 : Mort de Maria d'Aragon, elle soutient les visées impériales de Manuel Ier.

1518 : Troisième mariage de Manuel Ier, avec Éléonore de Habsbourg.

12 janvier 1519 : Mort de Maximilien Ier de Habsbourg, candidature à l'élection impériale de François Ier, Henry VIII, Frédéric III, duc de Saxe et Charles Ier. Le roi de Portugal, Manuel Ier, décide de ne pas poser sa candidature, mais soutient son beau-frère, Charles Ier.

1519 : Élection impériale remportée par Charles Ier, qui prend le nom de Charles Quint et devient le prince le plus puissant.

1519 : Débarquement de Hernán Cortés au Mexique.

27-30 mai 1520 : Rencontre de Charles Quint et de Henry VIII à Douvres.

5 février 1525 : Mariage de João III avec Catarina d'Áustria, sœur de Charles Quint.

1524 : Invasion de la Provence par les impériaux : échec devant Marseille.

Octobre 1524 : Conquête de Milan.

2 février 1525 : Départ de Francisco Pizarro pour le Pérou.

7-24 juin 1520 : Rencontre du Camp du Drap d'Or entre François Ier et Henry VIII, pour conclure une alliance contre Charles Quint.

13 août 1521 : Conquête de Tenochtitlan, Cortès maître de l'Empire aztèque.

28 avril 1521 : Charles Quint nomme son frère, Ferdinand de Habsbourg, à la tête des états héréditaire des Habsbourg (Autriche, Wurtemberg, Styrie…)

13 décembre 1521 : Mort de Manuel Ier, avènement de João III.

1521-1525 : Début de la sixième guerre d'Italie.

27 avril 1522 : Bataille de la Bicoque, conquête du Milanais par Charles Quint.

1523 : L'amiral de Bonnivet passe les Alpes pour reconquérir le Milanais.

1523 : Charles de Bourbon, ancien connétable de France, passe au service de Charles Quint.

19 novembre 1523 : Jean de Médicis est élu pape, prend le nom de Clément VII.

28 décembre 1523 : Mort de Prospero Colonna, remplacé par Charles de Lannoy, vice-roi de Naples à la tête des troupes impériales avec Fernando Francisco de Ávalos Aquino y Cardona, marquis de Pescara.

30 avril 1524 : Bataille de la Sesia, mort du chevalier Bayard.

24 février 1525 : Bataille de Pavie, défaite et capture de François Ier.

1525 : Abandon des places fortes d'Agouz, Safi et d'Azemmour et perte de Marrakech par le Portugal.

1525 : Début du développement du Brésil.

Juin 1525 : François Ier transféré à Madrid.

Juin 1525 : Clément VII accorde une Rose d'Or à João III.

30 août 1525 : Traité de Moore ; paix entre la France et l'Angleterre.

1525 : Ambassade portugaise en Castille pour négocier le mariage de Charles Quint et de Isabel de Portugal.

4 novembre 1525 : Mort du marquis de Pescara, grand général de Charles Quint.

14 janvier 1526 : Traité de Madrid, capitulation de François Ier devant Charles Quint.

Francesco Guiccardini nommé lieutenant général du pape.

Février 1526 : João III ordonne la création de 50 boursiers pour l'université de Paris.

11 mars 1526 : Mariage de Charles Quint et d'Isabel de Portugal, sœur de João III.

17 mars 1526 : François Ier recouvre la liberté. Le dauphin François et Henri d'Orléans sont échangés à sa place.

Mars 1526 : Lettre de Charles Quint pour demander à João III de ne pas rejoindre ses ennemis

Mars 1526 : Des navires anglais dans les eaux de Guinée, possession portugaise.

22 mai 1526 : Ligue de Cognac, entre François Ier, Clément VII, Venise et Francesco Sforza.

3 juillet 1526 : Débarquement de Charles III, duc de Bonbon.

8 juillet 1526 : Conquête de Sienne.

24 juillet 1526 : Capitulation de Francesco Sforza, qui abandonne le château de Milan.

1526 : Alliance entre Charles Quint, João III et Henry VIII.

6 août 1526 : Début du siège de Crémone par le duc d'Urbino.

18 août 1526 : Mort du duc de Sessa.

29 août 1526 : Bataille de Mohács, victoire de Soliman le Magnifique, mort de Louis II de Jagellon, roi de Hongrie.

4 septembre 1526 : Bataille de Linlithgow Bridge entre Écossais et Margaret Tudor.

20 septembre 1526 : Pompeo Colonna entre dans Rome avec 8 000 hommes.

23 octobre 1526 : Le Portugal s'empare de l'île de Bintan, qui ferme le détroit de Malacca.

24 octobre 1526 : Charles de Lannoy, vice-roi de Naples, débarque à la tête d'une forte armée.

24 septembre 1526 : les Ottomans quittent la Hongrie.

23 octobre 1526 : Ferdinand de Habsbourg, élu roi de Bohême.

13 novembre 1526 : Arrivée de Georg von Frundsberg.

30 novembre 1526 : Mort de Jean de Médicis, commandant des Bandes Noires.

Novembre 1526 : Charles Quint envoie des renforts en Italie.

20 décembre 1526 : Arrivée en Italie de Renzo da Ceri.

1526-1527 : Révoltes à Florence contre les Médicis.

1527 : Pirates français aperçus près des côtes portugaises d'Afrique.

Mars 1527 : Clément VII signe une trêve avec Charles Quint.

Avril 1527 : Alliance entre François Ier et Henry VIII.

Mai 1527 : Demande du pape pour faire venir Dom Luis afin de défendre Rome.

6 mai 1527 : Sac de Rome par les troupes impériales commandées par Charles de Bourbon.

21 mai 1527 : Naissance de Philippe de Habsbourg, futur Philippe II d'Espagne.

Juin 1527 : Capitulation et emprisonnement du pape.

Sources manuscrites

Bibliothèque Nationale de France

Baluze 159-160 : Recueil de pièces concernant l'Espagne et le Portugal ; principalement, contrats de mariage et testaments de rois et reines de Portugal et de princes ou princesses de la maison de Portugal (XIIe-XVIIe siècles).

Baluze 259, Récit des négociations entamées en 1525 avec le roi d'Angleterre Henri VIII et le cardinal d'York, par Gabriel de Grandmont, évêque de Tarbes, le vicomte François de Turenne et le président Le Viste, ambassadeurs du roi François Ier, au sujet du mariage de la fille de Henri VIII.

Béthune, 8507, Lettre du sultan Soliman le Magnifique à François Ier, 1526.

Clairambault, 324. XIII (XVIe-XVIIIe), Règne de François Ier, de 1523 à 1525.

Clairambault, 325. XIV (XVIe-XVIIIe siècle), Règne de François Ier, de 1525 à 1526.

FR. 30 223 505, Charles-Quint, Responce du puissant et très invict empereur Charles V, Roy d'Espaingne, etc., sur les lettres du Roy de France aux princes Électeurs, et aussi sur l'apologie ou contradiction du mesme Roy à l'encontre le tractat faict entre luy et l'Empereur à Madrid en Espagne. Item plusieurs autres choses.

FR. 12439593, Commentaires de messire Blaise de Monluc, maréchal de France.

FR. 20 980, Recueil de pièces, originales et copies, concernant les ambassadeurs étrangers en France. (XIVe-XVIIIe siècle.)

FR. 33 851 046, Recueil général des anciennes lois françaises, de 1514 à 1526.

FR. 5235, Statuts de l'ordre de la Toison d'Or, avec la liste des seigneurs qui ont été faits chevaliers de l'ordre, depuis son institution jusqu'en 1559 avec armoiries, de 1501 à 1600.

Biblioteca de la Universidad de Granada

A-008-084 J. F. Riaño, Francisco Bermudez de Pedrazo, Historia exlesiastica : principas y progresas de la Cuidad, y religion catolica de Granada, Grenade, 1638.

Sources imprimées

Portugal

Andrade, Francisco de, *Cronica do muyto alto e muito poderoso Rey destes Reynos de Portugal Dom João o III,* BNP, Lisboa, 1613.

Camoens, Les lusiades, Bouquins (éd.), Paris, 2013.

Da Silva Luiz Augusto Rebello, *Corpo diplomatic portuguez,* t. II, Lisboa, 1865.

Damião de Gois, *Correspondência latina,* Université de Coimbra, 2009.

Davity Pierre, *Le monde ou description générale de l'Europe, quatrième partie du monde*, Paris, 1640.

De Faria y Sousa, Manuel, *Europa portuguesa*, t. II, Lisboa, 1679.

De La Clede, *Histoire générale de Portugal*, Paris, 1735.

De Oliveira Ignacio, *Reys de Portugal*, Lisboa, 1736.

De Sousa, Antonio Caetano, *Historia généalogica da casa real portugueza,* vol. I, II, III, IV, Lisboa, 1738.

De Sousa, Luiz, *Annaes de el rei Dom João terceiro,* Lisboa, 1844.

De Sousa, António Caetano, *Da historia genealogica da casa real portugueza, e dos documentos,* Lisboa, 1749.

Jadin Louis, *Correspondance de Dom Afonso, roi du Congo, 1506-1543*, Académie Royale des Sciences d'Outre-Mer, Bruxelles, 1974.

José Miguel João de, *Vida do Infante D. Luiz*, Lisboa, 1735.

Lafitau, Joseph François, *Histoire des découvertes et conquêtes des Portugais*, Paris, 1733.

Luiz Augusto Rebello da Silva, *Corpo Diplomatico portuguez,* vol. II, III, Lisboa, 1895.

Rego Raul (éd.), *o processo de Damião de Góis na inquisição,* Assírio et Alvim, Lisboa, 2007.

Espagne

Anonyme, *Lettres et autres documents concernant l'Empereur Charles Quint,*Bruges, 1853.

Boletin de la Real Academia, *Lettres et documents, Philibert de Chalons, prince d'Orange*, Cuadernos, 1901.

Bradford, William, *Correspondence of the Emperor Charles V*, London, 1850.

Brewer (ed.), *Letters and Papers, Henry VIII*, London, 1875.

Charvet, *Lettres et Documents pour servir à l'histoire du XVI*[e] *siècle et d'Eustache Chapuys,* Genève, 1875.

Claretta, Gaudenzio, *Mercurino de Gattinara,* Chambéry, 1898.

D'Hermilly, *Histoire générale de l'Espagne,* traduite de l'espagnol de Juan de Ferreras, Paris, 1756.

De Reumont, *La jeunesse de Catherine de Médicis*, Paris, 1866.

Gachard. M., *Correspondance de Charles Quint et Adrien VI,* Bruxelles, 1859.

Giovo, Paolo, *La vita del signor a Don Fernando Davalos marchese di Pescara*, Venise, 1557.

Gobbaerts, *Édits et ordonnances des Pays-Bas (1506-1556),* Bruxelles, 1885.

Jean de Vandenesse, *Notes généalogiques sur la maison d'Autriche et journal des voyages de Charles Quint,* XVIIIe siècle.

Joseph Orsier, *Henri Cornélius Agrippa : sa vie et son œuvre d'après sa correspondance (1486-1535),* Paris, 1911.

Kervyn de Lettenhove (éd.), *Commentaire de Charles Quint*, Bruxelles, 1862.

L'abbé Raynal, *Anecdotes historiques, militaires et politiques de l'Europe (1519-1748),* vol. I et II. Amsterdam, 1753.

Labande L.-H., *Recueil des lettres de l'Empereur Charles Quint,* Monaco, 1910.

Lettres de Charles de Lannoy, Éditions de Boccard, vol. 1. 1834.

M. Le Glay (éd.), *Négociation diplomatique entre la France et l'Autriche*, Paris, 1845.

Paloma Bravo, Amran Rica, *Autour de Charles Quint, textes et documents,* Indigo, Paris, 2004.

Saint-Genois, *Mission diplomatique de Corneille Duplicus de Shepper,* Bruxelles, 1836.

Serassi Pierrantonio, *Delle lettere del conte de Baldessar Castiglione,* vol. II, Padoue, 1771.

Valles Pedro, *Historia del Fortissimo y prudentissmo capitan Don Hernando de Avalos, marquis de Pescara,* Anvers, 1570.

Vignier, Nicolas, *Histoire de princes et ducs de Luxembourg,* Paris, 1619.

Virreyes de Nápoles, *en la Colección de documentos inéditos para la historia de España*, vol. XXIII, Madrid, 1842.

France

Anonyme, *Anne de Montmorency, connétable de France,* Paris, 1697.

Anonyme, *Les généalogies historiques des rois et empereurs et toutes les maisons souveraines*, t. I, Paris, 1736.

Blaise de Monluc, *Commentaires de messire Blaise de Monluc, maréchal de France,* Bordeaux, 1592.

Bonaparte Jacques, *Le sac de Rome, écrit en 1527*, Florence, 1830.

Brantôme, Vies des dames galantes, Paris, 1740.

Champier Symphorien, *Les gestes ensemble la vie du preulx chevalier Bayard,* éd. D. Crouzet, Paris, Imprimerie nationale, 1992.

Champollion-Figeac Aimé, *Captivité du roi François Ier,* Paris, 1847.

Charrière E., *Négociations de la France dans le Levant,* Paris, 1848.

De Thouars, Chartier, *documents historiques et généalogiques,* Paris, 1877.

Desjardins, Abel, *Négociations diplomatiques de la France avec la Toscane,* t. II, Paris, 1861.

Dolet Etienne, *Les gestes de Fancoys de Valois Roy de France,* Lyon, 1540.

Du Bellay Guillaume, *Discipline militaire,* Lyon, 1592.

Du Bellay, Martin (1495-1559), *Les Mémoires de Mess. Martin du Bellay... contenant le discours de plusieurs choses advenues au royaume de France depuis l'an 1513 jusques au trespas du Roy François Ier, auxquels l'auteur a inséré trois livres et quelques fragments des Ogdoades de Mess. Guillaume du Bellay... Œuvre mis nouvellement en lumière... par Mess. René du Bellay,* Paris, 1569.

Du Chesne Torangeau, André, *Histoire généalogique de la maison de Montmorency et de Laval,* Paris, 1624.

François (ed), *Journal tenu par un bourgeois de Paris au temps de François Ier, vol. 2*, Clermont-Ferrand, Paleo, 2001.

Génin, F (édit.), *Lettres de Marguerite d'Angoulême, sœur de Françoise Ier, reine de Navarre, publiées, d'après les manuscrits de la Bibliothèque du roi*, Paris, J. Renouard et Ce, 1841.

Guignard Jean, *Anne de Montmorency, connétable de France,* Paris, 1697.

Herminjard, *Correspondance des réformateurs,* Genève, 1866.

Marichal, Paul (ed.), *Catalogue des actes de François Ier*, t. I, Paris, 1887.

Nyon (ed), *Mémoires de Martin et Guillaume du Bellay-Langei, auxquels on a joint les mémoires du maréchal de Fleuranges... et le journal de Louise de Savoie. Le tout accompagné de notes critiques... pour servir à l'histoire du règne de François Ier, par M. l'abbé Lambert*. Tome 2 (1525-1535), Paris, 1753.

Pierre de Bourdeille, *seigneur de Brantôme, Œuvres complètes, vol. 1, « Grands capitaines étrangers*, Paris, J. Renouard, 1864-1882.

Reading, Mario, *Nostradamus,* Paris, 2010.

Teulet, Alexandre, *Relation politique de la France et de l'Espagne avec l'Écosse*, t.1 (1515-1560), Paris, 1862.

Autres sources

Archivio municipal de Trujillo, *comunicándole la victoria de Pavía,* 21 marzo 1525.

Beccatello Lodovico, *Vita del cardinale Gasparo Contarini,* Padoue, 1746.

Cellini Benvenuto, *Vie de Benvenuto Celini,* trad. de l'italien par Nadine Blamoutier Paris, 1833.

De Rapin Thoyras, *Histoire de l'Angleterre contenant le règne de Henry VIII,* La Haye, 1727.

Devertot, *Histoire des chevaliers Hospitaliers de Saint-Jean de Jérusalem,* Amsterdam, Vol. III, 1742.

Du Chesne, André, *Histoire d'Angleterre, d'Escosse et d'Irlande*, Paris, 1634.

Guiccardini (F.), *Histoire d'Italie*, sous la direction de Jean Louis Fournel et Jean-Claude Zancarini, Paris, Robert Laffont, 1996.

L'abbé Devertot, *Histoire des chevaliers Hospitaliers de Sant Jean de Jérusalem,* t.III, Amsterdam, 1742.

L'abbé L…, *Histoire de Venise,* t. IX, Paris, 1746.

Pezzana Nicolo, *Della Republica,* Venise, 1678.

Rastrelli, *Storia d'Alessandro de Medici, primo duca de Firenze,* Florence, 1781.

Sauvage Denis, *Histoires de Paolo Jovio*, t. II, Paris, 1570.

Autres sources

[illegible]

Tableau généalogique de la dynastie des Aviz (simplifié)

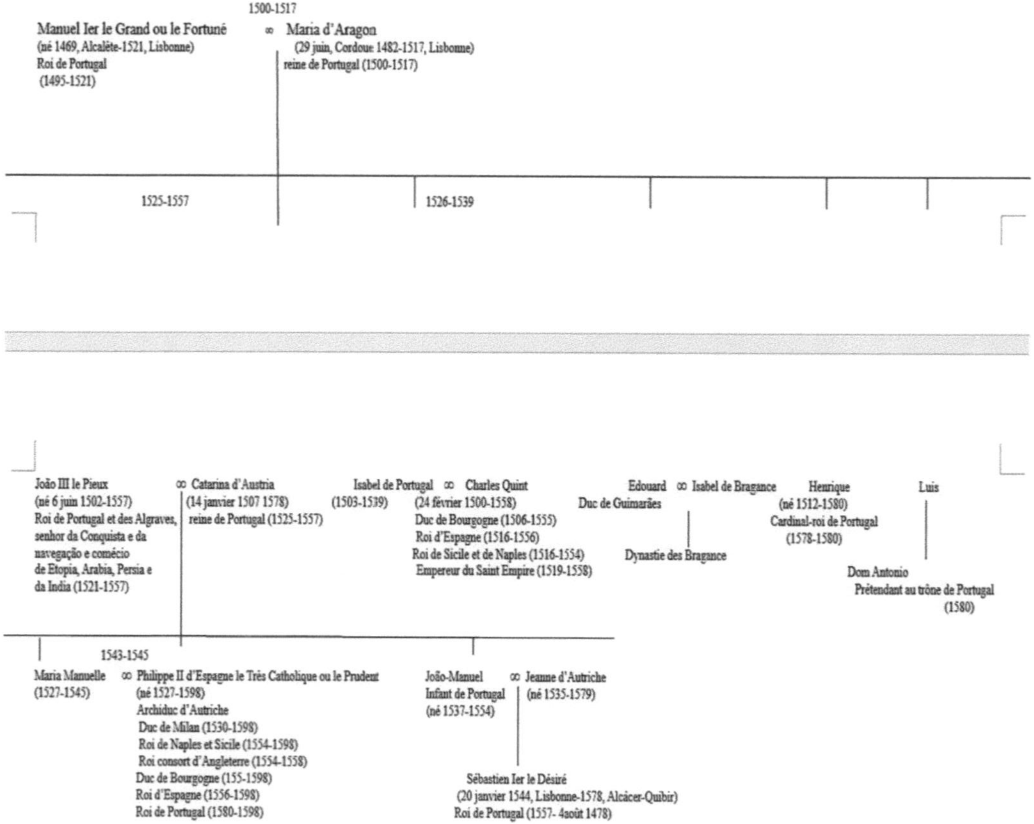

Tableau généalogique de la dynastie des Habsbourg d'Espagne jusqu'à Philippe II

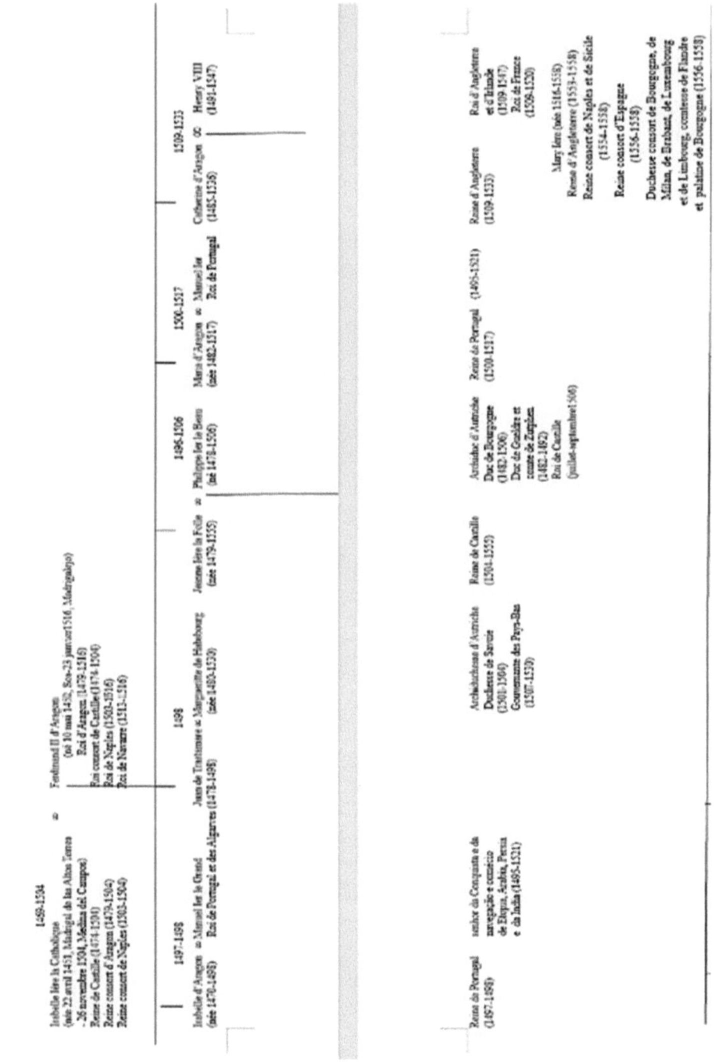

1519-1521 (1)

Eléonore de Habsbourg ∞ Manuel Ier
(née 1498-1558) Roi de Portugal
Archiduchesse d'Autriche (1495-1521)
Reine de Portugal
(1519-1521)
Reine de France
(1530-1547)

1526-1539

Charles Quint (né 1500-1558) ∞ Isabelle de Portugal
Empereur des Romains, toujours Auguste (née 1503-1539)
roi de Germanie, de Castille, de Léon, de Grenade,
d'Aragon, de Navarre, de Naples, de Sicile, de Majorque
de Sardaigne, des Iles Indes et terres fermes de la mer Océane
archiduc d'Autriche, duc de Bourgogne, de Brabant
de Limbourg, de Luxembourg et de Gueldre, comte de Flandres,
d'Artois, de Bourgogne Palatin de Hainaut, de Hollande, de
Zélande de Ferrette, de Haguenau, de Namur et de Zutphen, prince de
Zulbanc marquis de Saint-Empire, seigneur de Frise,
de Salins, de Malines le dominateur en Asie et en Afrique,
roi de la Nouvelle-Espagne du Pérou, de la Nouvelle-Grenade

1515-1526

Isabelle d'Autriche ∞ Christian II
(née 1501-1526) (né1481-1559)
Reine de Danemark Roi de Danemark
et de Norvège et de Norvège
(1515-1523) (1513-1523)
Reine de Suède Roi de Suède
(1520-1521) (1520-1521)

1521-1547

Ferdinand Ier ∞ Anne Jagellon
(né 1503-1564) (née 1503-1547)
Archiduc Reine de Hongrie
(1520-1564) et de Bohême
Roi de Hongrie (1526-1547)
et de Bohême
(1526-1564)

1525-1557

Catarina da Áustria ∞ João III
(née 1507-1578) (né 1502-1557)
Reine de Portugal Roi de Portugal
(1525-1557) (1521-1557)

1543-1545 (1 — 1554-1558 (2) — 1559-1568 (3) — 1570-1580 (4)

Philippe II ∞ Maria-Manuelle de Portugal ∞ Mary Ière ∞ Elisabeth de France ∞ Anne d'Autriche
(1527-1598) (née 1527-1545) (née 1516-1558) (1545-1568) (1549-1580)
Reine d'Angleterre Reine d'Espagne Reine d'Espagne
(1553-1158) (1559-1568) (1570-1580)

Roi de Castille, de Leon, d'Aragon,
des Deux Siciles, de Jérusalem,
de Portugal, de Hongrie, de Dalmatie,
de Croatie, de Navarre, de Grenade,
de Tolède, de Valence, de Majorque,
de Séville, de Sardaigne, de Cordoue
de Corse, de Murcie, de Jaen,
de l'Algave, d'Algesiras, de Gibraltar
des iles Canaries, des Indes orientales et
Occidentales, des Iles et de la Terre Ferme
de la mer océane, archiduc d'Autriche,
duc de Bourgogne, de Brabant, de Milan,
d'Athènes et de Néopatrie, comte de Habsbourg
de Flandre, du Tyrol, de Barcelone, du Roussillon
et de Cerdagne, marquis d'Oristant et de Gocéan
seigneur de Vizacaye et de Molina (1556-1598)

1548-1576

Marie d'Autriche ∞ Maximilien II
(1528-1603) (1527-1576)
Impératrice Empereur
Reine de Bohême (1564-1576)
de Hongrie
(1564-1576)

1552-1554

Jeanne de Habsbourg ∞ João-Manuel
(1535-1573) (1537-1554)

Tableau généalogique de la dynastie des Médicis de Giovanni di Bicci à Catherine de Médicis

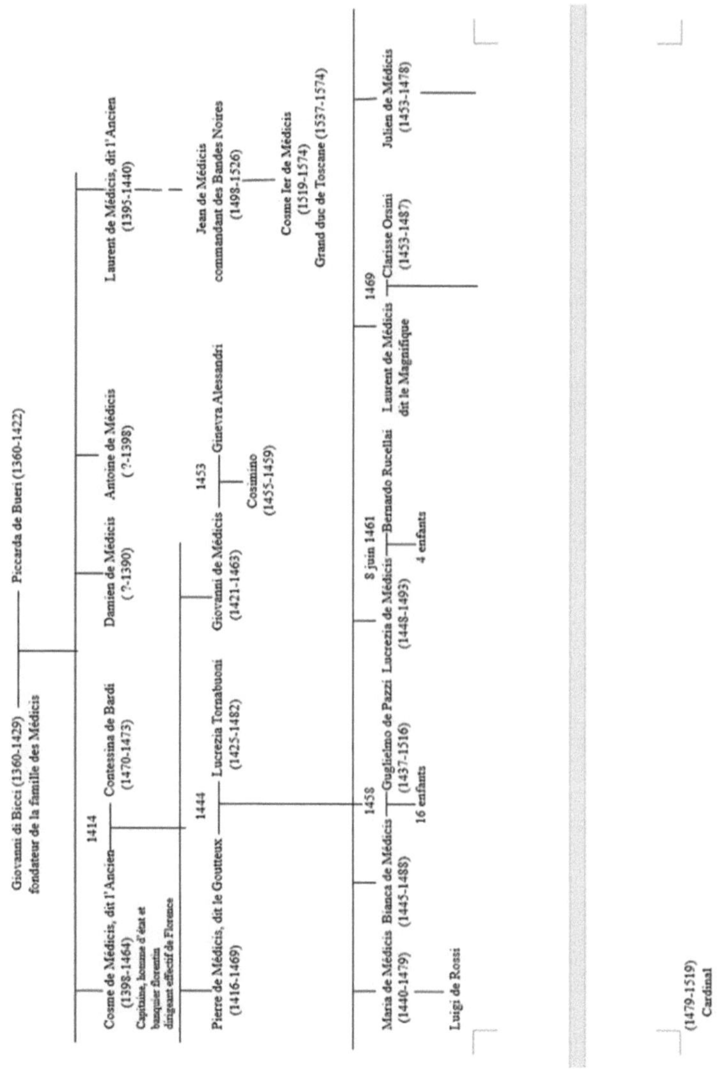

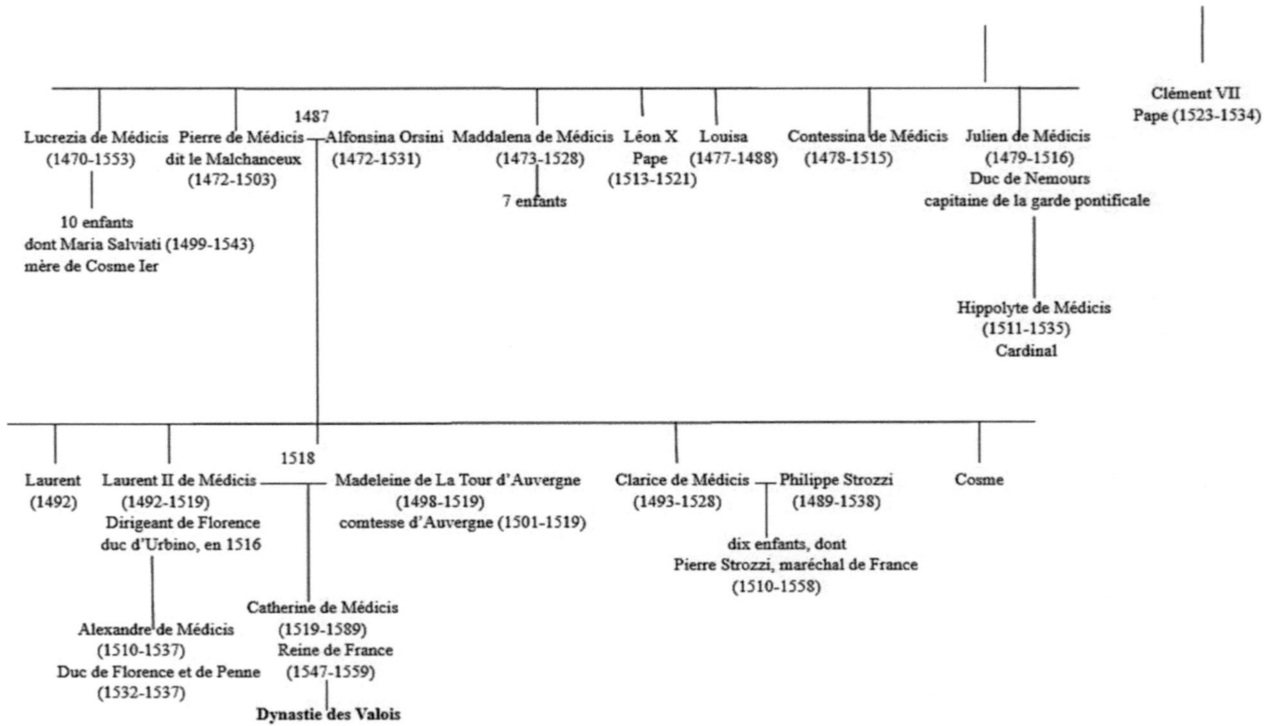
Clément VII
Pape (1523-1534)
Lucrezia de Médicis
(1470-1553)
10 enfants
dont Maria Salviati (1499-1543)
mère de Cosme Ier
Pierre de Médicis
dit le Malchanceux
(1472-1503)
1487
Alfonsina Orsini
(1472-1531)
Maddalena de Médicis
(1473-1528)
7 enfants
Léon X
Pape
(1513-1521)
Louisa
(1477-1488)
Contessina de Médicis
(1478-1515)
Julien de Médicis
(1479-1516)
Duc de Nemours
capitaine de la garde pontificale
Hippolyte de Médicis
(1511-1535)
Cardinal
Laurent
(1492)
Laurent II de Médicis
(1492-1519)
Dirigeant de Florence
duc d'Urbino, en 1516
1518
Madeleine de La Tour d'Auvergne
(1498-1519)
comtesse d'Auvergne (1501-1519)
Alexandre de Médicis
(1510-1537)
Duc de Florence et de Penne
(1532-1537)
Catherine de Médicis
(1519-1589)
Reine de France
(1547-1559)
Dynastie des Valois
Clarice de Médicis
(1493-1528)
Philippe Strozzi
(1489-1538)
dix enfants, dont
Pierre Strozzi, maréchal de France
(1510-1558)
Cosme

Dynastie des Valois

Tableau généalogique de la dynastie des Valois d'Angoulême

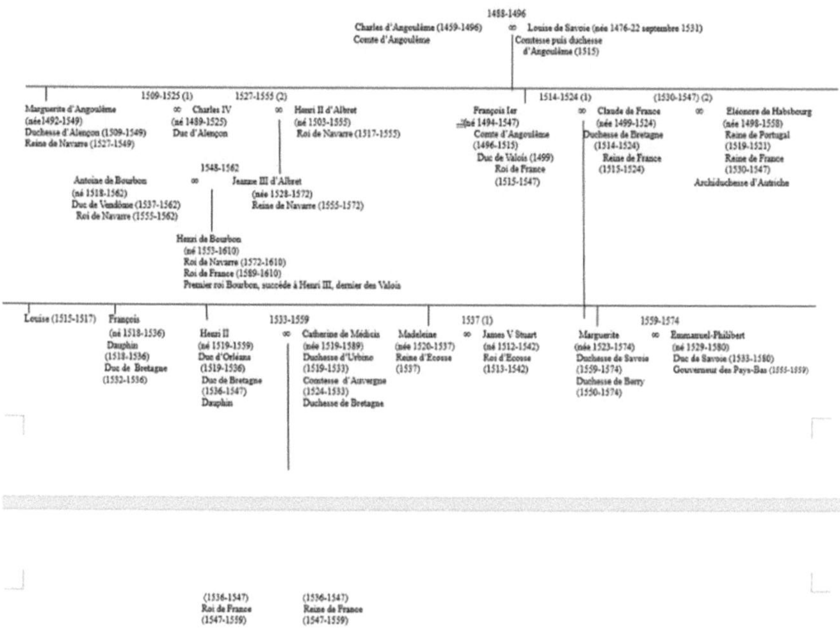

1558-1560 1570-1574

1575-1589

François II ∞ Mary Stuart Charles IX ∞ Elisabeth d'Autriche

Henri III ∞ Louise de Lorraine-Vaudémont

(né 1544, Fontainebleau-1560) (née 1542-1587) (né 1550-1574) (née 1554-1592)

(né 1551-1589) (née 1553-1601)

Roi de France (1559-1560) Reine d'Ecosse (1542-1567) Roi de France Reine de France (1570-1574)

Roi de Pologne (1573-1575) Reine de France (1575-1589)

Roi d'Ecosse (1559-1560) Reine de France (1559-1560) (1560-1574) Duchesse de Berry (1574-1576)

Roi de France (1574-1589)

Archiduchesse d'Autriche

Bibliographie

Academia Real das Sciencias de Lisboa (ed), *Quadro elementar das relações politicas e diplomaticas de Portugal com as diversas potencias do mundo, desde o principio da monarchia portugueza até aos nossos dias*, arquivo Santarém, 1842.

Actes du colloque, *Histoire du Portugal et Histoire européenne*, Paris, 1987.

Actes du colloque, *La découverte, le Portugal et l'Europe,* Guarda, 1990.

Agren Kurt, *La nouvelle Europe (1500-1750),* Belgique, Mémoire du monde, 1994.

Alvarez Manuel Fernandez, *Historia d'Espana, L'Espana del emperador Calos V,* Madrid, Espasa-Calpe, 1966.

Armstrong Lindsay, *Charles Quint, l'indomptable,* Grandes Biographies, Paris, Flammarion, 2014.

Artola Miguel, *Enciclopedia de Historia de España,* Alianza Editorial, España, 1988.

Baschet Armand, *La diplomatie vénitienne au temps de François Ier, Catherine de Medicis, Philippe II*, Paris, 1862.

Bennassar Bartolomé et Vincent Bernard, *Le temps de l'Espagne, XVIe-XVIIe siècles,* Paris, Pluriel, 2010.

Bérenger, Jean *Histoire de L'Empire des Habsbourg (1273-1918),* Paris, Fayard, 1990.

Black Jeremy, *Les grands chefs militaires et leurs campagnes,* Paris, Éditions de la Martinière, 2008.

Bourrilly Victor-Louis, *Guillaume du Bellay, seigneur de Langey* (1491-1543), Paris, 1905.

Bouteiller, *Notice historique de Robert II de La Marck,* Metz, 1865.

Chagniot Jean, *Guerre et société à l'époque moderne,* Puf, 2001.

Cloulas Ivan, *Catherine de Médicis et Henri III, la passion du pouvoir,* Paris, Historia, 1999.

Cloulas Ivan, *Philippe II*, Paris, Fayard, 1992.

Cornette Joël, *Le Livre et le Glaive, Chronique de la France au XVIe siècle,* Paris, Armand Colin, 1999.

Crété Liliane, *Les Tudors,* Paris, Éditions le Chêne, 2015.

Crouzet, Denis, *Charles de Bourbon, connétable de France*, Paris, Fayard, 2003.

De Barros Tomas, *Sumario de historia de Portugal,* Porto, Educação Nacional, 1948.

De Marles. M, *Histoire de Portugal,* Tours, 1867.

De Oliveira Marques A.H e Serrão Joël., *Nova Historia da expansao portuguesa, O império Luso-Brasileiro, 1500-1620,* Lisboa, Estampa, 1998.

De Oliveira Marques A. H., *Histoire du Portugal et de son empire colonial,* Paris, Karthala, 1998.

Dejanirah Couto, *Histoire de Lisbonne*, Paris Fayard, 2000.

Do Nascimento Manuel, *Cronologia da História de Portugal,* Paris, L'Harmattan, 2002.

Drévillon Hervé, *Batailles,* Paris, Seuil, 2007.

Durand Robert, *Histoire du Portugal,* Paris, Hatier, 1983.

Duroselle Jean-Baptiste, *Historia da Europa*, Lisboa, 1990.

Escamilla Michèle et Chaunu Pierre, *Charles Quint,* Paris, Fayard, 2000.

Escamilla Michèle, *Le siècle d'or de l'Espagne, Apogée et déclin (1492-1598),* Paris, Tallandier, 2015.

Frison Danièle, *L'Angleterre des Tudors*, Paris, Ellipses, 2012.

Garnier Edith, *L'Alliance impie, François Ier et Soliman le Magnifique contre Charles Quint,* Paris, Le Félin, 2008.

Gautilez Pierre, *Jean des Bandes Noires*, Paris, 1901.

Godinho Vitorino Magalhães, *Sobre historia de Portugal,* Lisboa, Sa da Costa, 1967.

Hamon Philippe, *Les Renaissances (1453-1559),* Paris, Belin, 2014.

Jacqueton, *la politique extérieure de Louise de Savoie,* Paris, 1892.

Labourdette Jean-François, *Histoire du Portugal,* Fayard, 2000.

Larguier Gilbert, *Les monarchies espagnole et française au temps de leur affrontement : Milieu XVIe siècle -1714,* Bordeaux, Presses universitaires de Perpignan, 2010.

Le Chevalier Marchal, *Histoire politique de Charles Quint,* Bruxelles, 1856.

Le Clech Sylvie, *François Ier, le roi-chevalier,* Paris, Historia, 1999.

Le Fur Didier, *François Ier*, Paris, Perrin, 2015.

Le Gall Jean-Marie, *L'Honneur Perdu de François Ier Pavie, 1525*, Paris, Payot, 2015.

Le Roux, Nicolas, *Le crépuscule de la chevalerie. Noblesse et guerre au siècle de la Renaissance*, Ceyzérieu, Champ Vallon, 2015.

Leal Bruno, *Dom Sébastien de Portugal et le rêve marocain*, Paris, Rivages des Xantons, 2015.

Magalhéaes Godinho Vitorino, *Ensaios, sobre Historia de Portugal,* Lisboa, 1978

Marquis de Mashanaglass Mac Swiney, *Le Portugal et le Saint-Siège,* Paris, 1904.

Mattoso José, *Historia de Portugal,* Lisboa, Editorial Estampa, 2008.

Michon Cédric, *François Ier, les femmes, le pouvoir et la guerre*, Paris, Belin, 2015.

Nourry Philippe, *Histoire de l'Espagne des origines à nos jours,* Tallandier, 2013.

Pigaillem Henri, *Les Grandes Familles, Les Médicis,* Paris, Pygmalion, 2015.

Richardt Aimé, *Henri VIII et le schisme anglican*, Paris, cerf histoire, 2012.

Rodrigues António Augusto Simões, *Historia comparada cronologia Portugal, Europa e o Mundo,* Temas e Debates, 1997.

Sablon du Corail Amable, *1515 Marignan*, Paris, Tallandier, 2015.

Salinero Gregorio, *Les empires de Charles Quint,* Paris, Ellipses, 2006.

Sallmann Jean-Michel, *Charles Quint : l'Empire éphémère,* Payot, 2000.

Serrao Joël, *Dicionario de historia de Portugal,* Porto, Figueirinhas, 1992.

Setton Kenneth, *The Papacy and the Levant (1204-1571),* vol.III, Philadelphia, 1984.

Simonde De Sismondi, *Histoire des Français,* Bruxelles, 1847.

Soldevila F, *Historia de España,* t.III, IV, Barcelone, 1962.

Tallon Alain, *L'Europe au XVIe siècle. États et relations internationales*, Paris, PUF, 2010.

Vincent Bernard, *Les Grandes Batailles de l'histoire de France,* Éditions Sud-Ouest, 2014.

Imprimé en Allemagne
Achevé d'imprimer en mars 2024
Dépôt légal : mars 2024

Pour

Le Lys Bleu Éditions
40, rue du Louvre
75001 Paris